T0381056

Compre este libro en línea visitando www.trafford.com
o por correo electrónico escribiendo a orders@trafford.com

La gran mayoría de los títulos de Trafford Publishing también
están disponibles en las principales tiendas de libros en línea.

Nombre del propietario de los derechos de autor © Copyright 2010 Jorge Salamon Walersztajn.
Todos los derechos reservados. Esta publicación no puede ser reproducida, ni en todo ni en parte, ni registrada
en o transmitida por un sistema de recuperación de información, en ninguna forma ni por ningún medio, sea
mecánico, fotoquímico, electrónico, magnético, electroóptico, por fotocopia, o cualquier otro, sin el permiso
previo por escrito del autor.

Ilustrado por (Illustrated by) : Jorge Salamon Walerstajn
Editado por (Edited by) : Jorge Salamon Walersztajn
Arte por (Art by) : Jorge Salamon Walerstajn
Diseño del libro por (Book design by) : Jorge Salamon Walersztajn

Impreso en Victoria, BC, Canadá.

ISBN: 978-1-4269-0849-1 (sc)
ISBN: 978-1-4269-0851-4 (e)
El Numero De Control de la Biblioteca del Congreso: 2010904800   www.loc.gov

*Nuestra misión es ofrecer eficientemente el mejor y más exhaustivo servicio de
publicación de libros en el mundo, facilitando el éxito de cada autor. Para conocer
más acerca de cómo publicar su libro a su manera y hacerlo disponible alrededor del
mundo, visítenos en la dirección www.trafford.com*

 www.trafford.com

Para Norteamérica y el mundo entero
llamadas sin cargo: 1 888 232 4444 (USA & Canadá)
teléfono: 250 383 6864 ♦ fax: 812 355 4082

Order this book online at www.trafford.com
or email orders@trafford.com

Most Trafford titles are also available at major online book retailers.

Proprietary's author rights © Copyright 2010 Jorge Salamon Walersztajn.
All rights reserved. No part of this publication may be reproduced, stored in a retrieval
system, or transmitted, in any form or by any means, electronic, mechanical, photocopying,
recording, or otherwise, without the written prior permission of the author.

Printed in Victoria, BC, Canada.

ISBN: 978-1-4269-0849-1 (sc)
ISBN: 978-1-4269-0851-4 (e)
Library of Congress Control Number: 2010904800 www.loc.gov

*Our mission is to efficiently provide the world's finest, most comprehensive
book publishing service, enabling every author to experience success.
To find out how to publish your book, your way, and have it available
worldwide, visit us online at www.trafford.com*

Trafford rev. 10/11/2010

 www.trafford.com

North America & international
toll-free: 1 888 232 4444 (USA & Canada)
phone: 250 383 6864 ♦ fax: 812 355 4082

MI CONFESION DE AMOR

JORGE SALAMON WALERSZTAJN

Jorge Salamon Walersztajn

MI CONFESION DE AMOR

ORDEN DE LOS LIBROS

PRESENTACION

NOTA PREVIA

I
EL ARROYO

II
LAGUNILLA

III
EL VIAJE FINAL

FIN

IV
TESTIMONIO

FIN

<u>V</u>
DESPERTAR

FIN

EPILOGO

FIN

PRESENTACION

El libro MI CONFESION DE AMOR es un Mensaje, un Camino de Libertad hacia la Libertad. Que narra el Viaje de un Arroyo al encuentro de sí mismo, de su Esencia, de su Ser. Y que describe como en un espejo, la imagen de este proceso.

"MI CONFESION DE AMOR" es una Historia Poética que lo componen cinco libros. En los que el Lector tocado y abierto a su Mensaje, encontrará en éstos: Mensajes, Poemas, Pensamientos, Relatos, Citas, Dibujos y Pinturas; en forma de Poesía Narrativa. Que lo llevarán al objetivo propuesto para este Libro; pues "MI CONFESION DE AMOR" continuará.

Su lectura es fácil y comprensiva, que aborda un tema "difícil y complejo"; de una manera simple y sencilla. Al alcance de cualquiera que quiera abrir su corazón a la Verdad.

Su género, su estilo; es único. Su forma y contenido, difiere de cualquier libro o texto escrito a la fecha.

El mérito de la Obra es que: no es un Mensaje más, no es un Camino de Libertad más, no es una Verdad más; sino la Verdad. Que el mismo Lector inferirá y descubrirá; sólo al Final del Libro. Según su propia opinión y criterio, y sobre su propia convicción y sentir, sobre el desafío expuesto.

NOTA PREVIA

"Mi Confesión de Amor" se comenzó a escribir entre los años 1989 y 1990. Pero algunos contenidos (texto y texto con dibujo) fueron escritos con anterioridad en el tiempo; y uno de ellos se remonta a los años 1975, 1976, como fecha de inicio. Y se terminó de escribir en el año 1992. Sólo el contenido de la Contratapa, fue desarrollado con posterioridad en el año 2003 y 2006 respectivamente. Y esta Nota Previa en el año 2005 y 2006 por consecuencia. Por último a principios del año 2009, escribí la Presentación que antecede a esta Nota Previa.

En su contexto general, el contenido total (texto, dibujos y pinturas) de "Mi Confesión de Amor", se mantuvo fidedignamente a como fue creado en su origen. Sólo algunos asuntos de forma en el contenido de texto y notas al pie de página; fueron agregados y complementados.

Ahora dado estos antecedentes, debes ver en el **Contenido del Libro y su Mensaje, como PROFETICO; es decir, como si hubiese sido escrito en estos días.**

Finalmente esta *Mi Creación De Dios*; va dirigida…

A Ustedes.

Post Scriptum.

En el año 2005 me fue imperioso agregar un **EPILGO** en el fin de "Mi Confesión de Amor"; es decir después de "El Arroyo", "Lagunilla", "El Viaje Final", "Testimonio" y "Despertar". Libros que tendrás que *leer detenidamente en orden; de principio a fin, para lograr su cometido.* Para así lograr llegar a este **Epílogo**, que te dedico con todo mi Amor y que espero te llegue al corazón.

Lo más importante que hay en la vida; es la vida misma. Pero de esa vida que late, siente, ríe, llora y sufre; pero que no muere. Y a esa vida quiero aferrarme yo. Y para eso uno; no puede abandonarse a sí mismo, no puede renunciar a uno mismo, ni puede renunciar a lo que se Es. Lograrlo; es alcanzarlo todo: la Tierra, el Cielo y a Dios.

Jorge Salamon W.

I
EL ARROYO

JORGE SALAMON WALERSZTAJN

El Arroyo

Jorge Salamon Walersztajn

Jorge Salamon Walersztajn

El ARROYO

UN MENSAJE PREVIO

He aquí un libro que fue escrito en el tiempo a través del tiempo. Y que cuenta de la historia de Un Control..., y de Un Viaje...; al encuentro de Un Arroyo.

He dirigido este libro; a todo aquel que un día, en algún lugar del tiempo y por alguna razón. Extravió su camino y perdió su esencia y su ser. Y cuyo espíritu yace hoy; oprimido en el dolor, esperando ser redimido, esperando la redención final.

Es así entonces que debes ver en lo que aquí escrito está; la IMAGEN de tu PROPIA Historia. E iniciar El Viaje rumbo a lo desconocido; al encuentro de ti mismo, de tu esencia, de tu Ser.

Este Viaje; "es un tipo de sueño que requiere paciencia, tolerancia, profunda identificación, perseverancia y una continua lucha contigo mismo, con tus propios valores y creencias".[1] Además requerirás de mucho valor y fortaleza, no temer y siempre seguir adelante y no cejar. Y por sobre todo Creer, Tener Fe y en Estar en Paz con Dios.

El Viaje al encuentro de nosotros mismos, de nuestra esencia, de nuestro ser. Es el UNICO y VERDADERO Camino que permitirá que se abran las fronteras, se rompan las barreras ente los hombres y que permitirá a ESTE SER LIBRE; para construir una sociedad justa, verdadera y humana.

Y si este Viaje que un día inicié y que quise compartir. Toca tu alma y corazón; entonces para mí habrá habido MAGIA y habré cumplido mi misión.

BUENA SUERTE.

1.- Cita textual que no es creación del Autor (origen sin poder especificar).

Aceptar la idea que algún día
me iba a morir. Me costó "EL CONTROL"...;
del cual habla este libro.

RECONCILIACION

Querido amigo y hermano Jorge.

Hoy me dirijo a ti; para expresarte lo mucho que te quiero, lo profundo de mi amor hacia ti. Siempre te he admirado y te respeto profundamente. Quiero decirte que te entiendo, que te comprendo y que admiro tu valor, tu fortaleza. Quiero que sepas que quiero ser tu amigo, tu mejor amigo; respetarte, cuidarte, acariciarte.

¡Cuántas batallas hemos lidiado! y ¡cuántas cosas hemos pasado juntos!; sólo tú y yo lo sabemos. Pero hemos combatido una batalla interna; yo contra ti y tú contra mí. Una batalla dura y cruel a lo largo de toda nuestra existencia, y hemos sido testigo de nuestra fortaleza. Ninguno venció; no hubo victoria ni derrota. Pero nuestras posturas eran válidas y lo siguen siendo, eran hermosas y todavía lo son.

Hoy querido amigo hermano, con todo mi amor; te propongo algo maravilloso. Dejemos de lado nuestra vanidad; desvistámonos y unámonos. Ambos poseemos grandes cosas, grandes verdades y estamos llenos de amor. Juntemos hoy nuestras almas y hoy caminemos juntos. Seamos uno solo, en pos de uno solo. Ambos le pertenecemos; estampemos nuestros sellos de paz y junto a él caminemos unidos.

Y hoy; yo, tú y él, seamos uno solo y vivamos y estemos en paz con Dios. Todos tenemos nobles ideales; esforcémonos en ser uno solo, y en ser feliz y en estar en paz con Dios.

Así encontraremos lo que tanto hemos buscado y hallaremos la paz. Y sobre todo seremos uno solo. Yo, tú y él; por fin.

Para Jorge.

HIPOTESIS

Hay grabaciones antiguas en mi subconsciente que están dominando mi conducta actual, y que irrumpen en mi conciencia sacándome de la realidad.

Yo puedo darme cuenta de mi realidad, y diferenciarla de esas manifestaciones (grabaciones).

Al parecer (por sus efectos); esas grabaciones me llevan a fracasar, a sentirme impotente, confuso y a no vivir feliz. Así que deben ser grabaciones de: muérete, fracasa tú, no eres capaz, confúndete, haz lo contrario, sé pichula, muestra que eres hombre, etc.

Mi tarea es poner continuamente mi conciencia en establecer si lo que estoy viviendo, sintiendo, pensando o haciendo es real; o sea producto del estímulo de la realidad o imaginario. Es decir producto de estas grabaciones, y ponerme en conciencia en estas realidades; viendo como son, y dejándolas ver.

En la práctica; en que estoy, de que me doy cuenta, como estoy y entregarme a vivirlo.

Dr. Julio Sepúlveda Pérez.

Mi Credo

"El credo a que me refiero no es fácil expresarlo con palabras. Podría explicarse así: creo que, a pesar de su aparente absurdo, la vida tiene sentido; y aunque reconozco que este sentido último de la vida no lo puedo captar con la razón, estoy dispuesto a seguirlo aún cuando signifique sacrificarme a mí mismo. Su voz la oigo en mi interior siempre que estoy realmente vivo y despierto. En tales momentos, intentaré realizar todo cuanto la vida exija de mí, incluso cuando vaya contra las costumbres y leyes establecidas. Este credo no obedece órdenes ni se puede llegar a él por la fuerza. Sólo es posible sentirlo".

Hermann Hesse

Te creo.

Jorge.

EL CONTROL

Creo que me voy a quebrar por primera vez en mi vida y tengo miedo; mucho miedo.

Amo tanto y lloro tanto. Soy normal; me gustan las cosas simples de la vida.

Amo a las mujeres bellas y dulces. Necesito volver a amar.

No debo temer y seguir adelante y no cejar. Jorge; no te dejes vencer. Siento que ya no puedo más, y creo que me puedo morir de verdad.

Tengo mucho miedo; porque por primera vez en mi vida, siento que no puedo luchar más. Y es verdad. Créelo Jorge.

He vivido una vida terrible, dura y cruel; si así es, y no se si Dios querrá que yo lo logre..., por lo que yo he luchado; logre vencer. Quizás quiera que yo me vaya y siento pánico, terror, miedo y una gran soledad. Creo que estoy en las finales, es "algo" que ya no puedo soportar.

Ustedes dirán que yo estoy totalmente fuera de mí, y puede que tengan razón; pero quiero decirles que me doy cuenta de todo, pero es mi mente la que no puedo organizar. Creo firmemente que lo que tengo es una dolencia del espíritu como dicen los hindúes, y no de la mente como dicen algunos.

Sí, estoy dividido, ya no lo puedo ocultar más, ¿y cuál es la diferencia? Sí, estoy inarmónico, ¿y...? Me identifiqué mucho con una frase que yo creé: quizás yo soy como dicen o se dice un esquizofrénico o tal o cual, ¿qué importa?, alguien con o con algo que se enmarca en esta sociedad; y yo me dije: quizás si yo hubiera nacido en otra sociedad o lugar, tal vez en otro tiempo, quizás en India; cabría la posibilidad que yo hubiera sido un profeta, un mago, como alguno de ellos creo que se les llama incluso en la actualidad.

Sí, tengo un gran desorden, ¿y voy a sucumbir? El miedo según lo que creo, es especial para que yo siga quizás, en esta postura equivocada.

¿Me podrán alcanzar a entender algo apenas de lo que aquí esbozo?

Sí, estoy destrozado. Yo he luchado mucho, he batallado y guerreado y he dado todo el frente y todo de mí. ¿Y qué ha hecho esta sociedad por o para ayudarme?, siendo que yo he requerido ayuda de ésta; ¿y ésta acaso no me ha... quizás? ¡No!, creo estar en lo cierto; esta sociedad no me ha ayudado. ¿Ustedes acaso me ayudan o la gente y el mundo al que me enfrento me ayudan?, ¿pueden quizás siquiera comprenderme? Ustedes dirán sí por supuesto, ¿y la realidad todos estos años y la experiencia, que demuestra?; que no es así, ustedes no están quizás preparados para entenderme. Tal vez somos muy parecidos, pero creo que hay algo que me hace diferente. Pregunten, averigüen, si no creen en mis palabras; pero yo he sido víctima de algo, algo que ya casi no puedo controlar.

Yo amo, siento, amo la vida, los animales, la naturaleza y a Dios. Siento el aire, siento la vida, siento el dolor, mucho más de lo que he sentido en alegría, pero siento. Siento la pena, al amigo hermano que no puedo alcanzar. Y aunque este mundo es mío, no me pertenece. ¿Encontraré la paz que anhelo o sucumbiré antes?, ¿podré encontrarla? Se y creo firmemente que existe, como existe mi gata Lupe y mi gato Pinocho.

Sí, me gustaría ser amado por todo el mundo y creo que me gustaría y podría enamorar a la mujer que me gusta, pero no lo he logrado.

¿Habrá un maestro, amigo hermano, que me pueda enseñar, escuchar y ayudar?

Sí, siento mucho miedo, un gran temor, temor de esta vida. Soy muy tierno y frágil y ya necesito paz. Necesito saber que es esto, que soy; es la angustia la que me mata y me destroza.

Sí, pienso mucho; es mi esencia, mi espíritu, pero no lo comprendo, juro que no lo comprendo. ¿Yo espanto a la gente o no me entienden?, ¿o es que soy muy sensible?, ¿o es este mundo realmente esquivo, egoísta y enfermo de mente y espíritu, y todos batallamos los unos con los otros constantemente, y así es nuestra relación que casi la palabra amor pasa desapercibida?

Sí, yo no soy choro. No hago mis conquistas como todos; yo no conquisto nada, por lo menos en mi esencia.

Sí, hay que vivir en reglas y normas, y a mí me cuesta.

Tengo mucho miedo, sí, si es que venzo o sucumbo, miedo de perder lo más bello, lo más íntimo que tengo; mi esencia, mi espíritu. Tengo miedo de perder El Control. Se que si lo logro perder, quizás esté salvado, pero no puedo perder El Control. Todo está ahí perfectamente sujeto, agarrado, sosteniéndolo Todo. Si yo lograra perder El Control; dejarme ir en ese algo inverso o distinto, pero no puedo, siento pánico, terror, la idea la concibo, pero no puedo irme, dejarme llevar por esa sensación que no sea El Control. Si lo lograra, quizás encontraría algo o todo de lo que busco. Pero tengo pánico, terror, terror a la vida. ¿Qué es esto que me atormenta tanto? Por favor ayúdenme a ayudarme; pero no puedo, no puedo dejar que lo hagan, siento pánico y quizás allí esté todo o una respuesta. Pero lo repito una y otra vez; tengo terror, no creo que me deje ayudarlos. Además tengo y les tengo miedo, mucho miedo. ¿Habrá algo divino que me ayude o que quiera lo mejor para mí? Pero Dios no me dejes morir con este dolor, con esta duda, con esta gran duda, la incógnita de mi vida y de mi mundo; lo quiero y lo necesito, e invoco tu nombre y tu presencia y me des lo que tanto anhelo y que tanto temo. Es como la vida y la muerte; amo la vida, pero no puedo vivirla por temor a la muerte, por temor a lo desconocido. ¿Podrán ustedes lograr que yo venza este temor y logre perder El Control, o mejor dicho; entregarme a eso, a eso que temo profundamente y que yo me deje ayudar y que logren penetrar en mí? Lo anhelo y lo deseo, pero no se si será posible. Quizás entonces yo me sane, como yo lo llamo; me sane de mi espíritu y...

¡Ayúdame! Tengo demasiado horror.

- Permanece en paz con Dios. Acéptalo y buena suerte.

Post Scriptum.

No desconozco la virtud que hay en los demás, y se que tienen sus dolores y problemas, pero eso no impide y ni debe impedir la dignidad y la individualidad de cada uno de nosotros y saber dignificarla si temor; sólo así podrá haber una mejor comunicación, comprensión y amor.

....
....Estoy divagando porque hay un niño que quiere
llorar, y creo que eso es todo.

Llora Jorge, que son muchas las lágrimas que te están ahogando.........
....

CONFUSION

En otras palabras, necesito botar la mierda que me tragué, antes que
me ahogue. Y hasta que no salga por completo, no voy a parar.

Te declaro la guerra a muerte, malditas grabaciones y no cejaré, hasta
vencer o morir. Creo que debéis estar "sufriendo" igual que yo, porque creo
que nunca encontraste a nadie que te haya resistido así, y que te va a
vencer, destruir y borrar. Pero ustedes grabaciones no sufren, pues no
existen, y sólo son imaginación, demonios inexistentes, y ya yo lo se. Pero
tienen mucho poder, y yo tengo muchos recursos. Me he equivocado una vez
más; sí, ustedes existen y ocupan celdillas de mi memoria, pero ustedes
irrumpen en mi conciencia sacándome de la realidad, para vivir un mundo
imaginario y destructivo. Si yo me doy cuenta de esto, sólo me queda una
cosa por hacer: dejar que se manifiesten estas realidades; dejándolas ver y
sentir, y vivir aquella realidad que me permite ser feliz. Me he dado cuenta,
que no las puedo destruir ni borrar, pues son parte de mí. Sí, voy a tener que
empezar a comprenderlas y dejarlas vivir; comprender cómo son, cómo
funcionan, e incluso dejándolas ser. No me queda más que reconciliarme
nuevamente con ustedes, con esa parte que soy yo, ese todo indivisible que
lleva por nombre Jorge. Y hoy día nuevamente, les pido a todas mis partes:
esforcémonos todos en ser uno solo; todos estamos ya muy cansados y
necesitamos descansar, cejar, y después cuando nos sintamos despejados y
más relajados, vamos hablar y dialogar todos. Hasta que un día; todos nos
sintamos escuchados y todos nos sintamos conformes, todos habremos
llorado y estemos en paz. Entonces será hora, que cumplamos un anhelo
difícil, y digámoslo todos juntos y sin miedo, sí, sin miedo, y tú también
grabaciones, sí, con un anhelo: ser uno solo, o muchos, o todos, ¿qué
importa?, pero y…, ser feliz; algo, algo que nos merecemos. Por favor
dejémonos ser y no…, no juguemos más, el juego de la destrucción.

Jorge, grabaciones, tú, él…
Todos por el bien de todos.

Post Scriptum.

Se que no hemos quedado ni tranquilos ni conformes. Yo por mi parte me retiro hasta una próxima ocasión; les guste o no les guste, es mi derecho, mi posición, y simplemente y sin más explicaciones, sí, les digo:

¡BASTA DE LOCURAS!

EN LAS PUPILAS DE MI IMAGEN ESTABA YO

Cuando realmente me salgo de mí
y logro observar, contemplar a
mi semejante; me doy cuenta que
en él estoy. Es como mi imagen.
Y en la medida que aprendo y logro
contemplarle; puedo conocerme más.
Dentro de cada uno estoy yo.
Es como cuando logro contemplarme
en un espejo y veo mi imagen y
descubro en ella que estoy.
En las pupilas de mi imagen estoy yo.
Lo mismo pasa cuando contemplo a
mi semejante, si veo en sus pupilas,
descubro que estoy yo en ellas.

GRACIAS DIOS MIO

Señor es tanta la aflicción, es tanto mi amor.
Señor es tanta la opresión y es tanto el dolor
dolor del alma y del ser.
Por la verdad, por la justicia y por el amor.
Por la razón descubrí la verdad
la verdad me habló de la justicia
y el corazón comprendió.
Corazón oprimido, corazón dolido
tú que te sacrificaste por el amor y la verdad
hoy, por ese mismo amor, por esa misma verdad
sé feliz, sé, tu tiempo al fin ha llegado
para vivir, gozar, amar, dar y recibir y
para ser, ser plenamente.
La conjugación de este todo comienza a ser una realidad
déjalo marchar, déjalo ser
y sólo pide al Señor que te ayude y te dé paz.
Has recorrido un noble y arduo camino y no temas
pues se te será recompensado con creces.
- PORQUE YO ESTOY EN TI Y TE QUIERO
TEN FE Y CREE EN MI.
- Noble es tu sabiduría y aunque por ser humano
vivo en la duda y el miedo.
Hoy me atrevo a decirte con todas mis fuerzas y amor
¡GRACIAS DIOS MIO POR SER LO QUE SOY!

SOY LO QUE SOY

Al nacer Dios me premió
Mi padre en ese entonces comenzaba
a vivir su agonía
Mi madre lo acompañaría
En un infierno viví
Cuando era bueno reventé
Y hoy que han pasado tantos años
del más asiduo dolor
Soy mejor
porque mi espíritu aunque oprimido vivió
salvaguardado permaneció
y creció y creció
para ser lo que soy.

REIVINDICACION

Si yo puedo sentarme en mi cama y gozar de una rica taza de café y escuchar hermosa música sin tener que sentir el frío que afuera acecha.

Si yo puedo alargar el brazo y coger un libro y llenarme con su contenido.

Si yo puedo entender tantas cosas porque se me dieron los instrumentos.

Si yo puedo comprender esas cosas tan grandes y esas grandes pequeñas cosas porque tuve acceso a ello.

Si yo puedo disfrutar de un rico y variado plato de comida todos los días y cuando tengo hambre sólo necesito alcanzar el refrigerador para coger lo deseado.

Si yo puedo porque enfermo me siento acudir a un médico y adquirir las medicinas que requiero.

Si yo puedo comprarme la ropa que requiero y estar a la moda.

Si yo puedo aspirar a estudios y trabajos dignos.

Si yo puedo hacer y lograr tan sólo esto...

¡ES PORQUE UN VERDADERO PRIVILEGIADO SOY!
Y tan sólo pido con un llamado de desesperación e inmenso dolor
¡REIVINDICACION!
Reivindicación, para el que sufre
para el que pasa hambre y frío
para el que no puede entender ni comprender
para el enfermo que no tiene atención y
para todo aquel que no tiene acceso a tan sólo eso que tengo yo.

EL ARROYO

COMO EL ARROYO QUE CAE AL RIO

Y SE PIERDE EN EL MAR INFINITO

ASI SE PIERDE EL ALMA MIA HOY

QUE NAVEGA RUMBO A LO DESCONOCIDO

AL ENCUENTRO DE AQUEL ARROYO

QUE CAYO UN DIA AL RIO

Y SE PERDIO EN EL MAR INFINITO.

Porque siempre creí:

que El Hombre Vino al Mundo a Ser Feliz.

Es que estas páginas cobraron vida y su
mensaje es ya realidad.

FIN

II
LAGUNILLA

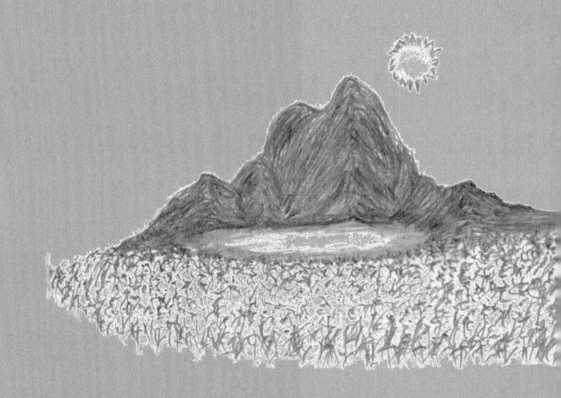

JORGE SALAMON WALERSZTAJN

Lagunilla

Jorge Salamon Walersztajn

Jorge Salamon Walersztajn

LAGUNILLA

Este libro va dedicado a todos aquellos que hicieron posible; El Viaje del Arroyo al mar infinito, y el regreso a su fuente.

Hay una ironía que refleja muy bien, lo que ha sido mi vida.

"Dos faquires se encuentran en sus respectivas camas de clavos.

Uno de ellos dice:

- Mañana voy al dentista.

- Por ¡Alá! – dice el otro -. No piensas más que en el placer". [1]

- S.J.

1.- Extraído de Selecciones Reader's Digest.

UN MENSAJE PREVIO

Respetuosamente me dirijo a ti. Es quizás un error adjuntarte este mensaje al libro Lagunilla que te dejo a continuación, gracias a tu generosidad de acogerlo; y es probable que no sea un error hacerlo.

Es así que te agradecería, tengas a bien considerar la lectura de mi libro "El Arroyo", previo a éste; para que su contenido tenga el canal que requiere, para lograr su cometido. Que consiste en entregar un mensaje simple, humano y profundamente verdadero. Y atreverse a darle a "Lagunilla", la oportunidad y el reconocimiento que "El Arroyo" requiere. Y cuyo autor reconoce la singularidad y los puntos delicados que pueden tocar e incluso afectar, al lector abierto a su mensaje. Mensaje del cual nadie puede escapar; ser UNO mismo. Todo esfuerzo destinado; a no ser, está irremediablemente destinado al fracaso.

Es mi propósito dar continuidad al libro "El Arroyo"; que permitirá al lector dispuesto a Viajar, obtener más elementos a su haber, que le ayuden con su propio sueño. El Viaje al encuentro de ti mismo, al encuentro de la libertad.

"El Arroyo", como "Lagunilla"; está destinado a todos los lectores abiertos a su mensaje, que quieran caminar por el sendero de la VERDAD, y que se sientan ya muy cansados, por cargar el peso y las cadenas que han significado su encubrimiento.

El Viaje al encuentro de nosotros mismos, de nuestra esencia, de nuestro ser. Es un tipo de sueño, que permitirá al lector dispuesto a viajar, y sólo al final del Viaje; hacerlo realidad.

"La utopía, y los utopistas sofisticados lo comprenden; que ésta nunca llega a realizarse. El sueño y sus aspectos aún no realizados, es la que genera el continuo movimiento. El utopismo exitoso; constituye una progresiva sensibilidad con respecto a la medida que la conducta cotidiana, concuerda con una dirección ideal". [1] El sueño; siempre vive y nunca muere. Es así entonces, que la utopía tendrá necesariamente que morir, para dar paso a su propia creación; el sueño mismo, generador de la utopía que le dio vida, y que le permitió a ésta renunciar a sí misma y aceptar su muerte, justo al final del comienzo del sueño.

En la medida que el sueño siga siendo importante; nunca morirá. El sueño por si solo siempre vive, y sólo puede morir en nosotros mismos, que es en donde nace. Por lo tanto; "nunca es tarde y siempre hay tiempo y una primera vez, para volver a empezar, para volver a nacer". [2]

Al final del Viaje y en el comienzo de otro; se encuentra la recompensa final del continuo Viaje. Que nunca comenzó y nunca terminó; pues siempre Viajó, y siempre encontró de eso que sois vosotros mismos. Ese todo indivisible, que lleva por nombre tu propio nombre.

"Porque la vida te ha hecho sabio y más se sabe con los años, porque el trabajo ha sido duro y la lucha ha sido intensa; hoy cosechas lo sembrado y la vida te compensa". [3] Al final del Viaje, y en el comienzo de otro, cosechas lo sembrado y la vida te compensa.

Nuestra sociedad actual, ampliamente desarrollada en los campos de la ciencia, la técnica y en el progreso de muchas disciplinas en todos los ámbitos adyacentes a ella. Ha olvidado, aún más, ha desconocido por siglos, milenios, tal vez por siempre; su verdadera naturaleza, es decir su esencia misma. Y esta es la consecuencia de realidades tan verdaderas como la pobreza, la tremenda injusticia social, el dolor de los marginados. Es ésta, el producto de los desquiciados, de las cárceles y las cárceles..., de los miserables y la miseria. Y es ésta, el responsable del gran vacío... Es ésta, el resultado del abuso en la explotación de los recursos, contaminación y destrucción de nuestra Madre Tierra. Y es ésta; el fantasma del hecatombe nuclear.

Esta es nuestra sociedad actual, y este es el hombre, producto de ella; que no es el hombre, que desconoce su real naturaleza y no quiere y se niega a escuchar la voz que emerge de su interior, que es la voz del alma que clama por ella. ¿No es acaso la naturaleza del pájaro volar y hacer nidos? Es así que la naturaleza del hombre es extraviarse; pero y..., es también su naturaleza, volver a encontrarse y ascender a las cumbres para Ser. Que es su verdad y realidad más excelsa; y a la cual tendrá que llegar, pues es su naturaleza, y de la cual no puede escapar. ¿Puede evitar el agua siendo agua, no tomar la forma del recipiente que la contiene?

Encontrarse con la verdadera naturaleza del Ser, es un camino que lleva inevitablemente a La Conciencia Divina; que es El Creador. Es por esto que si nuestra sociedad y sus hombres; abren sus corazones, y se atreven a Viajar al encuentro de ella. Inevitablemente y de la misma manera, encontrarán y construirán en la medida que más Viajen a su encuentro; una sociedad más justa, verdadera y humana.

"El Arroyo", como "Lagunilla"; hablan de una gran verdad. Una verdad imposible de crear; que no tiene tiempo ni época, y que quise compartir y comunicar.

"Lagunilla" va dirigido a todos aquellos que lo lean con el corazón, pues hallarán en él; entrega, amor y Control. Y sabrán encontrar en "Lagunilla", el valor de su contenido; o mejor dicho, el valor de su mensaje. Es así entonces como fue con "El Arroyo", que debes ver en lo que aquí escrito está; la IMAGEN de tu PROPIA historia, e iniciar El Viaje al encuentro de ti mismo, de tu esencia, de tu Ser.

Finalmente, este libro fue escrito en el tiempo y a través del tiempo, y cuenta la historia de como El Arroyo se convirtió en Lagunilla; para Ser.

BUEN VIAJE.

1. – Adaptación propia, de cita textual que no es creación del Autor (origen sin poder especificar).

2. – Canción; (Cecilia Echeñique).

3. – Canción; (Alberto Plaza).

¿SENTIMIENTOS DE AMOR...?

Quisiera estar a su lado
quisiera besar sus labios
¡Cómo estaría mi cuerpo tranquilo
si la tuviera conmigo!

No se si la amo
o si es sólo una ilusión
Pero es la sensación de un joven tímido
que no se atreve a expresar sus sentimientos
aunque quizás experimente verdaderos anhelos.

No se si la quiero
como puedo decir la amo, si a penas la conozco
No se; quizás no, quizás si
No se, no se...

EL MELERIL

Yo tengo percepciones muy profundas a nivel espiritual. Es decir; veo una comprensión espiritual a muchos sucesos. A la Unicidad del Universo, a fenómenos que van más allá de lo razonable. Es decir; son más perceptibles a nivel del sentimiento y como a un ver más, ver más allá de…

El Meleril creo, coarta o limita esta capacidad espiritual; que yo no quiero perder, que es una de las cosas más lindas que tengo, y no tiene nada que ver con mi capacidad de ver o percibir la realidad de la forma como la mayoría de las personas lo hacen. No por eso dejo de ser singular; ya que yo tengo una manera muy especial de ver y comportarme. Pero eso soy yo, y eso es lo que quiero ser.

EL GRAN DEBATE

Esta va a ser la primera vez en mucho tiempo que expresaré sentimientos que vienen de muy adentro, que he tratado de ocultar, no dar cabida a ellos y que me doy cuenta que son reales y que tienen legitimidad. En estos sentimientos; me debato día a día, me parto día a día, y sufro día a día.

He recorrido un largo camino, y se podría decir; que a pesar de todas las dificultades, ha sido un camino exitoso. Hoy día; bajo rumbos nuevos, de gran desafío y también de dificultades: temo, pienso mucho, sufro, y me debato frente a las circunstancias y a lo que viene.

¿Por qué sigo enfrentando y no he tomado la desviación? Porque ahora comprendo por qué es tan terriblemente difícil todo; y el hecho de seguir enfrentando. Porque se que del otro lado o sólo al lado, está la desviación; en el fondo el fin de la tortura. En el enfrentamiento se encuentra sufriendo el alma de Jorge: pura, inteligente, llena de motivaciones e ideales. En la desviación también se encuentra el alma de Jorge que pide descanso, pero renunciando a su Yo real; en parte para lo que fue creada y dotada. Los dos caminos son válidos; porque el alma quiere Ser y por el otro lado descansar. Y si el alma no quisiera Ser; ¿cómo se explicaría esta gran lucha, este gran enfrentamiento? El alma quiere paz a su vez; entonces quiere cejar. Este es el gran debate. Y por último; si el alma quiere Ser, ¿por qué no es? Porque fue muy herida; pero como el alma es indestructible, guarda en lo más hondo al Jorge que lleva por cuerpo al Jorge real, pero que está muy cansada y quiere reposar.

EL DEBATE DEL EQUILIBRIO

He aquí un nuevo debate; debate de día a día, que a su vez me destroza, me encarcela, me parte y me divide, sosteniéndome en una constante tortura. Es el debate del equilibrio; que no me permite Ser y no me da paz. Es el hecho de no saber en palabras simples; cuando hacer una cosa o no hacerla, cuando comer o no comer, cuando estudiar o distraerse, cuando descansar, etc. Estos simples hechos son una real dificultad para mí.

Dentro del problema del equilibrio, está el tiempo; que yo trato de atrapar o manejar; poniéndolo en una caja, poniéndole márgenes, para terminar encarcelándolo por completo. El pasado está encarcelado, y el tiempo futuro se encuentra preso y rígido desde ya. Y esto es, porque no tengo noción del tiempo y no lo dejo fluir. Es así que vivo preso de este desequilibrio; torturándome. En palabras simples, todas mis actividades que realizo, están presas en el tiempo, es decir; ¿es tiempo de estudiar o no?, ¿tengo tiempo para salir?, ¿tengo tiempo para comprar?, ¿es tiempo de distraerme?, ¿hay tiempo para lavar?, ¿hay tiempo para comer?, ¿es tiempo para ordenar? Parecen preguntas lógicas; pero no es así, cuando se tiene el tiempo rígidamente controlado y encarcelado. Y la pregunta final es: ¿tengo tiempo? Y la respuesta es siempre; no tengo tiempo, pues el tiempo está preso y no puedo dejarlo fluir y yo fluir en él.

EL MAESTRO

¿Qué diferencia hay entre un ser humano que sufre y otro que no?

- Se preguntó el Maestro a sí mismo -.

Luego de pensar un rato, halló la respuesta y se dijo:

Los dos son seres humanos.

Estoy solo, no porque no tengo a nadie; sino porque soy diferente.

VOLVER AL MUNDO

Volver al Mundo después de lo que yo he vivido; es como pedirle a un niño que comprenda lo vivenciado por mí. Y el tremendo grado de esta dificultad; es la comparación de esta paradoja, que ni los adultos son capaces de comprender. Eso sí, tal vez, alguna alma herida, tan herida, que vaga por las calles ocultando su dolor, tratando de Ser como todos. Y su dolor, tan sensible, tan humano, lo lleva él solo, muy solo; pues este Mundo es una porquería, y el slogan es: deshumanízate.

¿SABES...?

Sabes; es hora ya, que si al menos no podrás cambiar, si podrás detenerte alguna vez, aunque sea sólo una vez en toda tu vida, y pensar. Estoy mal, no es la verdad que yo creo, la verdad real; por más que así lo sienta y crea. Y escuches las quejas o inconformidades que tu familia te ha manifestado; pues algo de verdad, podrían encerrar.

Pero basta de ser noble y bueno contigo. Y hoy quiero decirte, sin la menor duda; que estás mal, más que errado en tu propia verdad. Basta de daño, basta con el puritanismo, la culpa, la religión. Basta de sufrimiento, el tendrás que pagar con el sudor de tu frente, con el si te lo mereces, con el odio infundado. Basta con engañarte, con cargar el Mundo y hacérselos pagar a los demás. Basta de volcar todo lo espiritual frustrado, hacia una ambición y materialismo que te consume. Basta con odiarte, y así odiar a los demás. Basta con ser la víctima, el explotado, el usurpado. Basta de echarles la culpa a los demás de tus propios fracasos, de tu propia inseguridad y debilidad. Basta de echarle la culpa a tu familia, por el daño que otros te pudieron causar. Basta con el terror, con las amenazas, el gánatelo, y el poder que te otorga nada más que el dinero, y tu diminuto yo encubierto; impuesto en los otros por tanto y tanto tiempo.

Nadie tiene la culpa de tus errores, de tu desdicha, de tu tragedia; más que tus antepasados y tú mismo.

Si algunos vemos el Mundo como es o no es; te lo digo con convicción plena y segura, y puesta a prueba. Tú ni siquiera lo ves; estás ciego, atrapado por el mal que te aqueja. No eres el único que sufres, ni el más desdichado; y muy cerca tuyo, hay personas que también sufren. Pero que han tenido la suerte de ver algo más que tú, para tratar de ver algo más de luz, para que por lo menos, algún día, no paguen otros, por lo que ya te corresponde aceptar.

DOCTOR CONTRERAS

Me veo en la necesidad de hacer las consideraciones que creo. Trataré de ser escueto, no por agotarlo a usted; sino porque yo soy el agotado.

Han jugado con catorce años de mi vida, y no es al revés la cosa.

El sistema no sólo está muy mal, sino también corrompido. Los hospitales y los de orden psiquiátrico, son un fracaso; y los hospitales psiquiátricos son una cárcel que protege a la sociedad de sus mejores valores. Otros con más "suerte", llegan a consultas privadas donde no sólo derrochan sus esperanzas, sino que grandes cantidades de dinero; y más encima aprenden un oficio, el ser enfermos.

Así hay trabajo para todos; para los laboratorios farmacéuticos, investigadores, farmacias, auxiliares, médicos, etc. Todos obtienen beneficios; y me merece la duda pensar, si vale la pena hacer algo en esta corrompida y sucia forma, al haber otras alternativas de rescate a favor del enfermo y el sistema que él genera.

Cuando realmente te sales de ti
y logras observar, contemplar a
tu semejante; te das cuenta que
en él estás.   Es como tu imagen.
Y en la medida que aprendes y logras
contemplarle; puedes conocerte más.
        Dentro de cada uno estás tú.
Es como cuando logras contemplarte
        en un espejo y ves tu imagen y
            descubres en ella que estás.
En las pupilas de tu imagen estás tú.
        Lo mismo pasa cuando contemplas a
tú semejante, si ves en sus pupilas,
        descubres que estás tú en ellas.

RUMBO A LO DESCONOCIDO

Como el arroyo que cae al río
y se pierde en el mar infinito
Así se pierde el alma mía hoy
que navega rumbo a lo desconocido
al encuentro de un gran tesoro
escondido.

AL ENCUENTRO DE "BELLA"

El Arroyo cayó un día al río y se perdió en el mar infinito. El Arroyo nunca volverá a ser Arroyo, ni nunca encontrará aquella Lagunilla donde yacerá en paz y en profunda dicha junto a las montañas y los valles. A menos que viaje en todos los sentidos y en todas las direcciones; rumbo a lo desconocido. Que es en donde se encuentra su esencia y su ser.

Es así que yo nunca viviré en paz, ni llegaré a la esencia de mi ser; sino encuentro a "Bella". La voz que llama de mi interior al encuentro de ella; es la voz del alma, que suplica por ella.

¿Serás tú "Bella"…?

Yo también quiero escribir los versos más tristes esta noche, pero mi alma está herida y estoy vacío. Siento mucho, pero no fluye nada; por…, y no poco.

"Si solo riera un poquito". [1]

Si solo pudiese entregarme hacia el más adentro, al mundo interno de mi ser; me acogería sin más pensamientos. [2]

Es el eco de mi voz que se quiere expresar para ti. [3]

La fe que vi en mis ojos, abrió…; abrió mi alma de amor. [4]

BELLA

Porque sois demasiado bella
y porque nunca te tuve, es…
que te deseo.

Deseo tu cuerpo, deseo tus labios
Te deseo entera; ¡oh! criatura…
joven, de pelo largo y liso
e inmensurablemente bella.

Tu cuerpo es tan fresco
y tus pechos redondeados y en punta son
Y tu rostro tan bello…

Que eres y fuiste para mí…
la creación más bella
Y sólo yo te escogí de entre todas las cosas
para que fueras la más bella.

Eres el más inmenso dolor
y mi más bello amor
Y no me es posible ya, seguir viviendo así.
Bella sin alma; convertida en mi obsesión, mi pasión
y en mi más grande locura.

Día a día te veo, te anhelo y no te alcanzo
y pierdo la cabeza y la vida por ti
¡¡Oh! Bella!, infinitamente bella.

Y porque nunca amé a nadie así en la vida, es…
que el dolor que me causas por no tenerte y
estrecharte entre mis brazos…
Es el dolor más grande que jamás he sentido
Y si muero sin que hubiese logrado…
haberte de mis brazos y besos hecho mía
Habrá podido suceder.

Pero mientras viva…
nunca me daré por vencido, ni renunciaré a ti
Aunque muera…
Sin que de mis brazos y besos hubieses sido; mi Bella.

Y es porque soy lo que soy
y porque nunca la tuve…
que te convertí en Bella
Mi más larga, ardua y costosa, ¡creación dolorosa!
día sabático de toda la manifestación
Justo al comienzo; de mi más bella Creación.

1.- Canción; (Cat Stevens) (del Inglés).

2, 3,4.- Hugh Prather; Adaptación propia de su libro *"Palabras A Mi Mismo"*.

"BELLA" MIA

Como el arroyo que cae al río
y se pierde en el mar infinito
Así se perdía el alma mía
hasta que apareciste tú, "Bella" mía.

LA CONCIENCIA

Es cuando la mente pierde la conciencia,
que sobreviene la locura; y sólo cuando
pierde "El Control", que sobreviene la cordura.

Y es justo y en ese sólo momento, que El
Control se hace amo, dueño y señor de su
Conciencia; para Ser La Conciencia.

El mundo que me rodea no me extraña. Lo que me tiene asombrado es tu alma. [1]

Si sólo pudieses entregarte hacia el más adentro, el mundo interno de tu ser, te acogería sin más reproches. [2]

Pero si lloras por haber perdido el sol; las lágrimas no te dejarán ver.[3]

EL VIAJE

El Viaje es un observarse a sí mismo, para así tratar de ayudar a los demás.

1, 2,3. - Hugh Prather; Adaptación propia de su libro *"Palabras A Mi Mismo"*.

LAGUNILLA

Al encuentro de aquel Arroyo
navega el alma mía hoy en día
En busca de lo que tanto había querido.

Creo que en una lagunilla cayó
y allí se encuentra, calma, dulce, suave y tierna.

Su dicha es tal, que sólo paz y unión reina allí.

Ahí está él, junto a las montañas y los valles
Lo veo jugando contento y tranquilo; siendo la
montaña, siendo el valle, la Tierra y el cielo.
Siendo uno solo con El y el cosmos entero.
El al final, se ha encontrado con El Creador.

Me hicieron pensar que era diferente.

Por caminar en contra de las leyes y
costumbres establecidas; y porque
siempre creí…

Que el hombre vino al mundo a Ser feliz.

FIN

III
EL VIAJE FINAL

JORGE SALAMON WALERSZTAJN

El Viaje Final

Jorge Salamon Walersztajn

Jorge Salamon Walersztajn

EL VIAJE FINAL

Primera Parte

"DIOS ES LUZ,

Y NO HAY NINGUNAS TINIEBLAS
EN EL".

1 Juan 1:5

DEDICATORIA

A mi Señor Jesucristo,

la Luz del mundo;

mi Salvador y Redentor.

Con todo mi agradecimiento,

e infinito amor.

ACOTACION

"El Viaje Final"; es misceláneo de poemas, poemas a hombres y mujeres, poemas de profundo Amor, pensamientos, narraciones y mensajes. Cuyo protagonista no soy yo esta vez, sino El Señor Jesucristo; que se muestra principalmente a través del Amor y la Verdad que es Dios (Amor a través de poemas, Verdad y Amor a través de pensamientos y mensajes).

Nuevamente este libro es muy simple y aclara los dos anteriores, no tiene estructuras complejas; sino que su objetivo único, es llegar a un público lector (que ojalá haya sido previamente tocado por mis dos libros anteriores a éste), que ande en busca de la Verdad.

INTRODUCCION

He aquí les dejo un libro simple y de profunda inspiración.

Previo a "El Viaje Final", les mandé un bello y puro mensaje a través de los libros "El Arroyo", y su continuación "Lagunilla". Aquellos libros tenían como objetivo último; abrir mentes, abrir corazones, e incentivar la búsqueda a través de su mensaje. Y finalmente aparejar el camino; hacia el objetivo final.

El relato de "El Arroyo" y "Lagunilla" es un testimonio, mi testimonio. Y la forma que le di te pertenece; que es mi creación.

La misión de "El Arroyo" y "Lagunilla" consiste en entregar un mensaje. Y en alentar al lector a abrir sus fronteras en busca de ellos mismos, en busca de valores más sublimes, de verdades más genuinas; para ser cada vez más auténticos. Este es el "Viaje", el continuo Viaje; hacia una verdad más verdadera y a un Ser más justo y esencialmente humano.

Es difícil para mí tener que llamar tu atención, y decirte que tanto como "El Arroyo" y "Lagunilla", son un libro sabio. Que crecieron por sí mismo y sobre todo lo visible; para con "El Viaje Final" alcanzar el reino invisible.

"El Arroyo" como "lagunilla", son un libro simple y corto; pero de una profundidad inmensa. "El Arroyo" como "Lagunilla" no se terminan de leer jamás, por lo que espero que pongas en ellos la atención adecuada; pues cada vez que los retomes, descubrirás algo nuevo y así interminablemente.

Es como un juego del conocimiento, eso sí diría yo, un juego del más sublime de todos los juegos; el juego del conocimiento humano, el juego del conocimiento espiritual. Juego en el cual todos estamos inmersos, el juego de la vida en el cual todos somos partícipes; y a la vez es parte del gran Sublime "Juego" Universal, del cual todos somos por libre albedrío, a su vez sus "jugadores".

Pero "El Arroyo" y "Lagunilla" tienen una limitación aparente y a la vez terminante. Y así es que el objetivo último de estos libros es como dije; abrir mentes, abrir corazones, e incentivar la búsqueda a través de su mensaje. Para finalmente aparejar el camino hacia el objetivo final; que les presento en "El Viaje Final".

Es así que mostraré a todos mis lectores tocados de corazón; la Luz del mundo, que siempre ha sido y será por toda la eternidad. Y te llevará a la Verdad; la gran y Unica Verdad Universal, y que por sobre todo te dará nueva vida, redimirá y te tomará en su regazo, para que puedas descansar al fin. He aquí y este es el objetivo final, que me encargo de mostrarte en "El Viaje Final". Misión a que me avoqué con el fin de ayudarte y rescatarte a la Luz del mundo y a la Verdad. Porque la Verdad es Una y la Luz del mundo Una. Y como yo no puedo dar testimonio de ello, sino a través de la fe; te exhorto a que tú lo compruebes por ti mismo. Y si la encuentras ya sea por mi testimonio u otra experiencia; síguela, porque nueva vida tendrás.

*"No es nuestra
obligación
acercarnos unos a
otros, como tampoco
se acercan el sol y
la luna o el mar y la
tierra. Nuestro fin
es reconocernos
unos a otros y
aprender a ver y
honrar en el
otro lo que él es:
Contraposición y
Complemento
de uno mismo".*

Hermann Hesse.

"EL CONTROL" VERDADERO

Desconocer la esencia y la voz del alma. Querer e insistir en auto dirigirse; e ignorar que esto es contra su naturaleza y por lo tanto lo daña.

Escuchar y no cuestionar la voz, que es la voz del alma; es alcanzar la deidad, que es la Verdad, que es Amor, que es el Supremo Creador.

TODO ES UNO

Siendo hijo, lo eres todo.

Todo es Uno, que es el Creador.

El Creador es Dios. Los hijos del Supremo,

son hijos del Creador.

Dios hizo al hombre, su hijo Adán.

Y de Adán creó a la mujer de su propia costilla;

para Ser Uno, que es Todo, que es absolutamente Todo,

y Uno a la vez.

ARBOL MIO

Me cobijaste en el desierto,
tu tronco se torció,
y tus ramas secas te acompañaron en tu sed;
porque nadie te regó.

Pero el cielo era brillante y luminoso,
lleno de colores.

Y tú aguantando abajo, allí en la Madre Tierra;
tu agonía y tu salvación.

Arbol mío, te pareces a mí.

A LA LUZ DE LA LUNA

A la luz de la Luna,
me mostraste tres estrellas;
en medio de un banco y tres palmeras.

Yo no creí en ti, y tú me diste lo mejor:
tu amor, tu poder y tu sabiduría;
y por sobre todo…, tu mirada.

Josef; nunca en mi vida te olvidaré,
por haber sido devoto y amante amigo mío.

Varias veces te escapaste y yo te perseguía.
Tú evitabas mi mal, y yo quería de tu bien, de tu amor,
y sobre todo más de tu mirada…; que me curó.

Gracias, mil veces gracias, amante amigo Josef;
por abrirme los ojos al amor.

HIJO

Yo no te conozco y soy un desconocido para ti.
Pero conozco a tu madre que es bella, pura, dulce,
suave y tierna.

Tu madre te adora y te ama y por lo tanto yo te amo,
pues amo a tu madre de una manera sutil y hermosa.
Ella no es nada mío y tal vez nunca lo será.
Pero si se que en lo más hondo de su Ser; ella me quiere.

Yo soy un desconocido y te cuento estas palabras,
para que sepas quien es tu madre; que además de pura,
es inteligente y sensata, y sobre todo tierna,
en lo más hondo de su Ser.

Con cariño me dirijo a ti, hijo de Naya,
para contarte lo que tu mamá es y lo mucho que te quiere.

MI AMIGA LEAL

Yo no te conocía.
Llegaste a mí para cuidarme;
a darme tu cariño, ayuda y amor.

Llegaste para cuidar mi razón,
y alegrar mi corazón.

Desde que llegaste me siento mejor;
gracias a tu comprensión, entrega y calor.

Me diste más de lo que yo podía esperar,
y calmaste mi dolor.
Yo a cambio te mostré, respeto y control.

Infinitamente gracias María Inés;
por haber venido a cuidar mi razón,
y por entregarme tu amor.

JESUS SEÑOR

Pude haberme identificado directamente con Dios,
y haber obviado tu omnipresencia y tu descendencia.

Tomé tu forma y te pinté en verde, tal cual eres:
flaco, de pelo largo, túnica y sandalias.

Varias veces te desconocí y no creí en ti;
pues siendo lo que soy, me era difícil hacerlo.
Pues soy judío, y mi pueblo no te conoce;
más bien te desconoce.

Me dijeron; ¡dibújate!, y yo te dibujé tal cual eres.
Me dijeron; ¡ese no eres tú!, y me obligaron a dibujarme
tal cual soy.

Pero volví y completé mi dibujo que eras tú.

Me dijeron; ¡cree en Jesús!
Y yo dije rotundamente tratando de aceptarte
y creer en ti; ¡no!

Muchas veces creí ser tú;
pues mi identificación nacía fuerte y penetrante en mí.

Formé discípulos; tal como lo hacías tú.
Yo no te conocía, y a pesar de ello,
me identificaba profundamente contigo; ¡Jesús del Nazareno!
Y no se por qué, o creo no saber por qué;
pues me creía Mesías, y tal vez era un error…

Hoy se que más allá de toda identificación, soy yo.
Jorge, hijo de judíos; pero creyente en ti.

Hoy ya no soy más Jesús, eso creo al menos.
Pero si te reconozco por lo que eres:

Hijo de Dios, Salvador de todos nosotros, nuestro Señor.

Y cuando me pidan que me dibuje;
me dibujaré a mi mismo tal cual soy.
Y guardaré en el cofre de mi corazón, a ti;
Jesús del Nazareno, Hijo del Señor.

POLO POSITIVO Y POLO NEGATIVO

Como todas las cosas que existen en la vida; la mente tiene dos polos. Así como los humanos somos contraposición y complemento del otro; así la mente se contrapone y complementa a sí misma, por la naturaleza de todas las cosas que existen. Con un polo positivo que es el bien, y otro polo negativo que es el mal.

No es así con la Conciencia, cuya facultad es la razón; donde no existe dualidad alguna, y su comunicación es directa y en unísono con todo lo existente, y con la Verdad más excelsa, que es Dios.

MI PRIMER DISCIPULO

Fuiste y eres el mejor amigo de mi vida.

Te reconocí como Pablo, el que llevó la Verdad de Jesús,
a las generaciones venideras.

Paúl me diste tanto, y yo te correspondí.
Tal vez nunca serás Pablo el Santo, llevador de mi verdad.
Pues yo me creía Jesús, y aún a pesar de todo, lo creo;
aunque no sea verdad.

Fuiste y eres mi mejor amigo; pues en tierras lejanas
me diste tu comprensión, cariño y amor. Y yo te quise tanto;
que mi amor traspasó la gran distancia y el tiempo.

Se con convicción plena que algún día nos encontraremos,
y tú serás Pablo y yo Jesús.
O simplemente Paúl el Dragón, que llevas estampado en tu brazo y apellido;
y yo Jesús o simplemente Jorge.

Te hecho tanto de menos, y mi cariño traspasa el tiempo,
y también la gran distancia.

Se que cuando nos encontremos, tú serás Paúl y yo Jorge, a secas.
Y en el cofre siempre del corazón tuyo y mío,
sabremos que fuimos y somos Pablo y Jesús.
Yo el predicador y el de las acciones,
y tú el llevador de mi verdad.

Juntos seremos felices; o más allá.
Dichosos de compartir una alegría, que supera los límites de la felicidad;
pues ésta es un estado pasajero.
La dicha siempre perdura y no se va; y cuando se va por las interferencias,
aparece junto con la paz.

Te echo de menos;

juntos en seis meses cultivamos una amistad imperecedera, sin límites.
Y nuestro amor traspasó las fronteras del tiempo y la distancia;
y siempre estarás en mí, como yo en ti.

Paúl no te olvides de guardar en el cofre de tu corazón,
a tu amigo que te adora y suplica por volverte a ver.
Por volver a compartir tal vez algún día lejano, o tal vez un día muy cercano,
siendo tú Paúl y yo Jorge, simplemente;
hermano y amante amigo mío.
Yo devoto de tu gran calidad de amigo y hombre,
que jamás olvidaré.
Pues en el cofre de mi corazón estás tú,
devoto amante amigo mío.

LA CREACION DE DIOS

Como el bien y el mal corresponden a la consecuencia de la Creación de Dios. Cuando se busca al Dios del Amor, trasciende el bien; pues el amor es más fuerte en El. Y así como existe el mal, el bien siempre es más fuerte y termina por superarlo.

El hombre si se lo propone, es capaz de destruir la Madre Tierra y todo lo que la rodea; es decir, la Creación de Dios. Pues es un hombre altamente civilizado y es la cúspide de una civilización, y está muy alejado de su verdadera naturaleza y de su esencia más fuerte, que es el amor.

Dios creó al hombre en un principio cercano a El. Pero el hombre en su carrera, extravió su Esencia y su Ser más fuerte, y aún la desconoce. Esto ha sucedido por su misma naturaleza, ya que en él existe el bien y el mal. El puede reencontrarse con su verdadera naturaleza más fuerte que es el amor; pues a pesar de que está hecho del mal, también está hecho de aquello que es el bien, que es el amor, el lado más fuerte de Dios. Pero en la medida que se aparte de ello; la Creación de Dios corre peligro, que somos todos nosotros y todo lo creado.

Dios en un principio creó todo perfecto; pero tanto a sus ángeles como al hombre, los creó con libre albedrío. Y el hombre escogió comer el fruto del conocimiento del bien y el mal, y fue lanzado al mundo gobernado a su vez por un ángel desobediente, conocido como Lucifer. Cuya misión por voluntad del Señor, fue destruir.

El hombre ha abusado de su libertad, cualidad de su esencia que se ha convertido en libertinaje; y que forma parte de las guerras, los enfermos, los pobres, los desdichados y el materialismo que nos consume. Y este hombre ha abusado hasta tal punto de su esencia del mal, que la Creación de Dios corre peligro; corre un gran peligro de ser destruida en la forma de un hecatombe.

Y en esta Verdad es que se desarrolla el gran "Juego" Universal, el verdadero juego de la vida. Y bajo Dios, El Creador de todo; se juega el juego que todos conocemos.

Dios no tiene tiempo ni época, es la más Sublime de las Verdades, que está más allá de todo; y su papel Omnisabio, Omnicreador, no lo conocemos. Y sólo a través del lado más fuerte de El que es el Amor, podremos quizás intuir su presencia y sobre todo su Omniamor. Que es tal vez su Unica y más grande Esencia, que desconocemos y sólo podremos venerar; sólo en la medida que LO VENEREMOS.

Señor Dios si veneramos tu lado más fuerte que es el Amor; podremos quizás conocerte aunque sea un poquito, tu Omnipresencia y Amor Infinito. Y si yo o ustedes aman a Dios, el día que nos encontremos con El a través del Amor; podremos conocer el Misterio y el Amor más grande que existe que Eres Tú, Dios. Señor del Universo, Señor del Amor, Gobernador del Cosmos, Gobernador Universal.

PEDRO EL TRANSEUNTE

Llegaste a mí, de la misma forma en que yo llegué a ti.

Te dijeron llegó un escritor y tú sin conocerme, ya sabías quien era
y te sentaste a mi lado.

Nos hicimos muy amigos; y yo te denominé, mi mejor amigo
y te llamé Juan el Bautista.
Así por lo menos te reconocí; pues mi identificación con Jesús era fuerte en
mí,
y yo por lo tanto era Jesús.

Yo el escritor te escuché y apoyé,
de la misma forma en que tú quisiste hacerlo.

Tú me leíste un poema antiguo, que a pesar de los años crecía vigente en ti.
"El Transeúnte"; y eso eras o eres tú, y yo porque te quiero,
quiero que dejes de ser aquél Transeúnte, que es tu mal.

Pedro, Dios te dotó de muchas cualidades y habilidades,
y tienes que confiar en lo que te regaló;
sintiéndote seguro de lo que ya eres.
Y abandonar para siempre el Transeúnte aquél que te daña y es tu mal.
Pues somos muchos los que te queremos y no queremos a su vez verte
perdido, siendo aquél Transeúnte viejo; que aún late en ti.
Que eres tú; mi mejor amigo, dentro de los mejores que yo tengo y quiero.

Pedro si abandonas al Transeúnte que eres tú,
la dicha y la paz te esperan en forma infinita;
y una mujer que es tu esposa y dos maravillosos hijos de tu creación,
y tal vez de lo mejor de ti.

Tu mujer apenas la conozco, pero cuando me estrechó la mano,
supe quien realmente era y lo mucho que te quiere.

Al menos guardo en el cofre de las esperanzas que está en mi corazón;

al Pedro Villagra, un gran hombre y amigo que dejará al Transeúnte,
para vivir la dicha que le espera y la paz que se merece.

En tus manos Pedro amigo está la decisión;
la dicha infinita o el Transeúnte errante, perdido y mentiroso.

Pedro que estas palabras no te duelan y te hagan reaccionar
frente a una difícil decisión.

El amor es más fuerte en Dios, y pídele que te ayude
y te de paz, armonía y dicha infinita;
si te arrimas a su amor.

Pedro finalmente si tú no me interesaras;
yo no te estaría escribiendo estas palabras que me cuestan desgarro y dolor,
y a su vez entrega y amor.
A cambio devuélveme, una sabia elección.

"BELLA" AIDA

Te fuiste de mi vida,
cuál es tu nombre.

Quince años me demoré en saber,
que eras tú; "Bella".

Te llamé y noté tu mal,
yo en cambio noté mi bien.
Te pedí un encuentro y tú después de meditarlo,
para bien o para mal;
me dijiste rotundamente, ¡no!

Fuiste mi amor platónico…, hasta el día de tu ¡no!
Yo creyendo que eras "Bella".

Pues ella apareció en versos,
y aún la busco en realidad,
para juntarme con ella.

Pero entre lo grueso y lo sutil;
lo sutil pesa más.
Y se que llegarás tú, cuyo nombre desconozco…;
para ser mi "Bella" una realidad.

Segunda Parte

*"**Bienaventurado** el varón que **soporta la tentación,** porque cuando haya **resistido la prueba,** recibirá la **corona de vida, que Dios ha prometido a los que le aman.**

Cuando alguno es tentado, no diga que es tentado de parte de Dios; porque Dios no puede ser tentado por el mal, ni él tienta a nadie; **sino que cada uno es tentado, cuando de su propia concupiscencia es atraído y seducido.**

Entonces la concupiscencia, despúes que ha concebido, da a luz el pecado; y el pecado, siendo consumado, da luz la muerte.

Amados hermanos míos, no herréis.

Toda buena dádiva y todo don perfecto desciende de lo alto, del Padre de las luces, en el cual no hay mudanza, ni sombra de variación. El, de su voluntad, <u>nos hizo nacer</u> por la palabra de verdad, para que seamos <u>primicias de sus criaturas</u>".*

Santiago 1:12-18

HERMANITA CARMEN

Tú sabes cuánto te estimo y quiero.
Y que en lo hondo de mi corazón
siempre estás tú; hermana mía.

Hoy me dirijo a ti con una noble y difícil tarea,
que ojalá espero escuches de todo corazón.

Quiero decirte hermana que te quiero mucho.
Pero que es necesario desde ya, que no nos volvamos a ver;
hasta que el destino si quiere, nos vuelva a juntar tal vez.

Tú dirás ¿por qué...?
Sólo Carmen te puedo decir,
que así debe ser y lo mucho que te quiero.
Por lo tanto te pido de todo y humilde corazón,
que accedas a mi petición y colabores con tu amiga Zoila;
que siempre te ha querido.

Espero con infinita gracia del Señor,
que no te sientas ofendida por mi petición,
y aceptes lo que te pido con clamor.
Pues tú sabes que nunca es fácil,
decir a una amiga palabras de dolor.

Que Dios te acompañe por siempre, hermana y amiga Carmen.
Ese es mi gran anhelo.

Yo te pido sólo una cosa; que accedas a mi petición de dolor.
Y esa es mi decisión.

AMADO MIO TOÑO

Te escribo estas líneas que nacen de lo hondo de mi corazón.

Te escribo para que sepas lo que siento por ti,
y lo que pide con llanto y suspiro mi corazón.

Tú creíste de alguna forma, que yo partí lejos de ti;
por rumores ajenos a mí.

Rumores que tú sabes en lo hondo de tu ser;
que no son así.

Rumores de mentira, engaño y destrucción;
pues eso es la mentira, mentira que lleva al desamor.

Tú sabes que yo te amo,
y en lo hondo de tu corazón; yo también se que tú me quieres.

No permitas Toño, que una mentira destruya nuestro corazón
y nuestra familia;
levantada con tanto esfuerzo y calor.

No permitas mi Toño querido, que un falso rumor;
ponga disensión en nuestra familia y amor.

Permite ablandando tu corazón;
que yo vuelva a ti, la Zoila que te ama y te adora.
Y ama nuestro hogar con amor de madre,
y dolor de ambos por nuestra obstinación.

Toñito; ojalá escuches mi petición de dolor,
y tomes una sabia decisión.

MI QUERIDA ELSA

¿Por qué te dicen Elsa mi dulce Emperatriz...?

¿No es acaso Emperatriz el nombre del cual tú eres reina,
y en él quieres gobernar?

Es cierto que tu nombre es Elsa Emperatriz,
pero no es menos cierto que tú,
Emperatriz quieres ser llamada;
porque así es tu sentir.

Sentir verdadero, porque te veo caminar y sonreír
como una reina.

A veces te veo triste y acongojada,
pero me he dado cuenta que siempre allí,
a pesar del dolor;
existe una sonrisa humilde, tierna y suave,
digna de una reina.

Reina mía, no te pido que dejes de llorar;
pero si te inquiero que jamás dejes de sonreír.
Y tal vez ese dolor que te aqueja,
si sabes buscar;
te deje para que puedas gobernar,
sobre los lirios, jardines y cielos de la Tierra.

Para que tal vez si tú y Dios lo quieren...,
te conviertas en una verdadera Emperatriz;
cuyo reino sea la dicha y la paz,
por siempre, mi amada Emperatriz.

CARMENCITA LINDA

Sabes Carmencita…;
hoy me dirijo a ti a expresarte un vacío,
vacío que no es vacío,
pues sólo hay gran y rebosante amor de mí para ti.
Y eso es lo que siento;
sentimiento de profundo amor por ti.

Sabes linda Carmencita…;
nunca me topé con nadie así en la vida, y te explico.
Nunca podía imaginar como mi Carmencita de tan sólo veintiún años,
podía entregarse por entero a la piedad, a la humildad y al amor.

¿Te acuerdas cuando me decías… ¡Javie, no puedes desfallecer!?

¡Cuánto me ayudaste a cambiar positivamente mi personalidad!

No sabes cuánto yo sufro y me duelo.
Pensando cuantas depresiones, cuantos ratos de soledad, de hambre
incluso;
y de los escasos recursos con que contabas.
Y tú siempre como de lo que parece nada,
sacabas tanto amor.

Yo Carmencita también traté de consolarte y ayudarte,
y no se si lo habré conseguido; aunque corazón y voluntad no faltó.

Sabes…, hace tres años nos conocimos; y te escribo estas notas,
porque estoy profundamente preocupada y conmovida contigo,
y porque sobre todo te amo.

Sabes…, para no engañarte, quiero manifestarte que me preocupas;
por lo generosa, bondadosa, y el inmenso amor que entregas.
Como temiendo que te engañen y se aprovechen de ti.
Y por eso siento un temor, un rechazo y desconfianza hacia ti;
pues temo por ti, sólo por el inmenso amor y cariño que te tengo Carmencita.

- Yo, Carmen, te digo Javie que no temas,
pues el Amor más intenso, que es el amor a Dios;
es vida, y sólo su contrario el Destruidor,
es muerte y tinieblas.
Y Dios y Amor es Vida a borbotones.
Y este es mi mensaje para ti Javie,
en este canto de tu amiga Carmen.

- Y este es mi mensaje para mi Carmencita querida de tu Zoila,
la Javie adolorida.
Que sigas para adelante y no exclames sobre la huella perdida.

DOLIDA YOLANDA

Naciste del dolor, amargura y terror.
Abandonada por tu madre cuando aún eras pequeña;
no conociste ternura, cariño y amor.

Siendo niña no conociste casa, ni pan tranquilo.

Luego huérfana te hiciste mayor.

Conociste un hombre que te ofreció calor.
Y tú sin conocerlo y buscando salvación a ya tanto dolor;
sin pensarlo le entregaste tu corazón y tu perdición.

Cuan dura te ha tratado la vida mi querida Yolanda.

Cuanta maldición, golpes y horror, viviste en aquel techo.
Y hasta lo más preciado de toda mujer perdiste;
hijos muertos por golpes de bastardo.

Han pasado muchos años ya, desde el comienzo de esta gran increíble
aflicción.

Pero veo luces; antorchas que se iluminan,
en tu hija Yolanda y tu nieto Braulio,
y otra luz brillante en José Angel, tu hijo.

Olvida el pasado desde ya Yolanda Nancy,
y como el labrador que surca la tierra, no mires atrás;
sino que ve lo que te queda por arar del lindo prado,
y disfruta del trabajo de la labranza con los frutos cogidos a la primavera.

Que así sea tu familia que tienes ahora la cual haz cultivado;
y pronto segarás bellos y reconfortantes frutos.

La gran clave de todo esto es La Paciencia,
para que el día que se recojan estos frutos;

sea en abundancia y plenitud de dicha del corazón,
y de las cosas que no son del corazón.

Y de ese tal José Lara el Bastardo no te preocupes;
pues Dios se ha encargado de ponerlo en su lugar,
ahora y a su debido tiempo.

Por lo tanto mi querida Yolanda Nancy,
dibuja la pasarela del camino del bien y de paz;
y pídele y órale a Dios,
que te ayude con su infinita gracia,
en el nombre de Jesús el Señor.

ESTOY PREOCUPADO

Sabes María de los Angeles…, estoy preocupado y triste.
Yo te quiero tanto y siempre ha sido ese mi sentir.

Mucho es el tiempo ya; desde que nos conocemos.
Y lo primero y siempre premió entre los dos;
fue cariño, comprensión y Amor.

Hace dos años tuvimos un maravilloso hijo de Dios,
que llamamos Damián Antonio; y vivimos dos años felices,
casados los dos.

Yo hoy quiero decirte con profunda honestidad y sincero amor;
que te amo María mía. Y a la vez quiero manifestarte;
profundo perdón de parte mía y hacia cualquier falla tuya.
Un perdón total.

No sabes cuánto ansío vivir en armonía y paz contigo…,
otra vez junto a Damián.

Pues presiento de alguna forma,
que tú me quieres y que tú también lo anhelas María.

Finalmente quiero pedirte infinito perdón,
y ojalá escuches mis palabras de dolor y amor por ti.
Y que la voluntad de Dios se haga en el nombre de Señor.

PERLA DEL ALMA

Qué difícil es escribirte este poema del alma;
perla de corazón, que iluminas todo con tu resplandor.

Pero cuánto dolor hay Perla en tu corazón;
porque no queda fuego en tu interior.

Brillas Perla, pero no acaloras con tu resplandor;
pues quien sabe cuán profundo e infinito es tu dolor.

Pero te veo reír Tita y te veo jugar,
te veo cantar y te veo anhelar.
Porque te sabes fuerte y te sabes levantar, te sabes frágil y te
sabes apoyar, te sabes quebrada y te sabes afirmar.

Pero ese dolor tan hondo y a la vez fugaz;
lo sabes llevar muy muy sola, y lo sabes a la vez apagar.

Perla y brillantes eres por fuera;
dolor y quebranto adentro llevas.

Pero a pesar de tu inmensa soledad, tristeza y desamor;
sonrisa y buen humor sabes llevar.
Y eso es por tu fortaleza, o tal vez por tu debilidad.

Tita un consejo te quiero dar,
y es que seas real.
Que escuches la voz de tu clamor interior,
que dice perdidamente ¿quién soy yo?, y siempre te responde;
la Tita Gutiérrez soy yo, no la perla, sino la del dolor.

PATITA RESPLANDECIDA

Tú que aunque Paty eres profundamente adolorida,
y tu dolor me traspasó a su vez mi alma adolorida,
desde el primer momento que te vi.

Guardas en mí, un profundo sentir;
de tanto dolor que hay en ti.

Tú te vas ya, pero el dolor que llevas, no lo dejes morir;
sino échale fuego, para que pueda renacer y sobrevivir.

Ten esperanza y fe Paty dolida, y deja que el Señor Todo Poderoso;
haga un milagro en ti.

Y no pierdas el contacto en mí,
pues tal vez yo sea una llama, una tenue luz;
para tu esperanza y la vida de la Verdad y el Amor.
Que es en el Señor Jesucristo y su Padre, el Amor más grande;
el amor de Dios.

VERSILLOS

Señorita Elizabeth

¿Por qué siendo usted,
tan dulce, bella y decorosa?
Se obstina en manchar su corazón,
con aguas borrascosas.

El Escritor

Perdido en el océano
se encuentra mi amigo;
barriendo pasillos,
en vez de escribir versillos.

ZOILA

Soy la más gorda.
Soy la más fome.
Soy la más sola.
Soy la más aburrida.
Soy la más tonta.

Pienso yo, que piensas tú acerca de Zoila.
Aunque por supuesto de hondo a ciegas, tú lo niegas.

Zoila es buena, bien buena.
Zoila es bondadosa, paciente, y cuando quiere, quiere.
Zoila quiere de corazón; pero se siente cansada, muy cansada.
Zoila le gusta ayudar, pero está tan aproblemada;
que ni a ella misma puede aconsejar, menos rescatar.

Soy la más flaca.
Soy la más entretenida.
Soy la más amistosa.
Soy la más capaz.

Así la Zoila debería pensar. Y no se por qué está andando para atrás;
porque andando para hacia delante se anda,
y se anda en vida, amor, calor y libertad.

Y buscando se encuentra y se encuentra buscando, sin desmayar.

Y un día de estos vendrá un Señor a tu vida;
El Señor Jesucristo al cual conocerás, y a su Padre y a él amarás.
Y si lo sigues, vida en abundancia y eterna tendrás.
Y gloria y dicha serás; cuando seas hija del Señor, hija de Dios.

POEMA CELESTIAL

¿Qué celestial inspiración,
acompañará a este poema de amistad, entrega y amor?

Poema celestial será y versos de amor fluirán.

Eres súper buena hermana Kena,
y con calor de Checho te lo digo.

Eres dulce y tierna y siempre estás conmigo.

Eres la mejor hermana que tengo Kena, y te quiero más que al sol;
donde yace aquel ángel celestial, observando este poema.
Poema de amistad y hondo sentir, porque te quiero más que al cielo Kena;
el cielo que fluye en esta inspiración de poema terrenal.
Porque no es del cielo que yo te quiera, sino de bien buena madre Tierra;
y con versos que fluyen con amor, en este poema que del cielo llegan.

Kenita quiero decirte que te amo mucho y te adoro,
y que siempre cuentes conmigo para todo;
aquí en este poema y en la madre Tierra.

Y lo del poema celestial y de los versos de amor que fluirán;
se los dejo a un poeta.
Pues a mí nada de esto me importa, más que decirte;
¡te quiero más que la cresta hermana Kena mía!
Y como Checho que soy, así te quiero hermanita mía.

"EL JUEGO"

Si es que hubiese podido dormir,
en la cama dormido habría debido estar.

Y por eso te escribo hoja en blanco,
para apaciguar mi atormentada alma.

Alma que no duermes, alma que te agitas;
alma triste y reprimida.

Porque a pesar que estoy contento,
mi alma herida y sufrida está.
Pues tiene un impedimento que le impide actuar,
el juego del cual yo soy su dueño.

¿Será de Dios que yo tenga un impedimento para actuar,
o de la naturaleza destructora del Destruidor?

Porque ellos juego conmigo quieren jugar,
pues al Creador me arrimé y al Destruidor abandoné.
Y por la esencia de la naturaleza creadora de todas las cosas,
que es "jugar"; yo a ellos me debo y jugar debo.

De mi cuerpo yo soy dueño,
así como de mis pensamientos y mis desvelos.
Y me doy cuenta que muy bien juego mi propio juego,
del cual yo soy su dueño.

Porque juegue el Creador o juegue yo;
todo es parte de un mismo juego.
Y un juego integrante del infinito, gran y Supremo "juego" Celestial.

SIENDO UNO MISMO

Siendo uno mismo, eres nadie.
Eres nadie, porque no perteneces a nadie.
Y tú eres el centro de ti mismo;
y estás sola, vacía y finalmente sin nadie.

Si te sales de ti y observas…,
verás muchos semejantes a ti.
Y querrás acercarte y estar con ellos;
pero al hacerlo te darás cuenta,
que ellos estarán dentro de ellos mismos,
siendo ellos mismos.

Por lo tanto si logras salirte de ti,
te darás cuenta, cuantos hay iguales a ti.
Pero te darás cuenta a la vez, cuantos están dentro de sí.

Entonces finalmente me puedo dar cuenta que estoy solo,
no porque no tengo a nadie;
sino porque yo estoy dentro de mí.

LA REINA DEL PRIMOR

Me dijiste que yo sabía como escribir un poema.
Me dijiste que te escribiera lo que quisiera.

Como eras, me gustaste.
Como no eras, me molestaste.
Y como eres me fascinas, y como eras me fascinaste.

Tú eres un consuelo cuando eres,
y mi muerte cuando mueres,
siendo lo que no eres.

Porque "Ser" Elizabeth, eso eres tú.
Eres tan tierna, eres tan dulce y eres tan bella.
Y cuando eres…; amas, besas y sonríes,
con calor de enamorada y alma de encantada.

Así que encanto y primor sea.
Porque eso eres tú Elizabeth;
primor mío, dulce mío.

Este poema me desgarra, sabiendo que la muerte puedes ir a encontrar;
en vez de quedarte a ser la reina del primor, junto al Señor, nuestro Señor.

PORFIADOS COMO MULA

Porque pasáis todo el día metido dentro de vosotros mismos.
No sabéis escuchar, no sabéis compartir y no sabéis amar.

Os exhorto a que salgáis a buscar a tu semejante,
que se encuentra fuera de ti mismo.
Porque tú eres como tu semejante,
que se encuentra dentro de sí mismo.

Porfiados sois, y egoístas sois;
porque nada eres si no sabéis escuchar, ayudar y contemplar a tu
semejante.

Y si te sales de ti; podrás acercarte y podrás escuchar y podrás contemplar,
a quien forma parte de un solo cuerpo, que es tu semejante.
Y todos unidos del Señor Jesús somos, porque todos somos uno en EL.

Porfiados como mula sois,
porque no escucháis,
y tu voluntad queréis hacer.
Porque tu voluntad es voluntad del Señor,
el cual siempre te guía por su camino;
y tú desobedeces caminando otra senda y resistiendo a su voluntad.
Porque lo que quiere Dios que seas, esa es su voluntad.
Y al resistirte solo te quedas dentro de ti mismo.
¡Porfiados como mulas!, porque el que manda aquí soy Yo;
tu Señor, mi Señor, nuestro Señor.

LUNA EN EL ESPEJO

Si yo Soy la Tierra,
tú Eres la Luna.

Si yo Soy tu Espejo,
tú mi Reflejo.

¿Por qué no brilla la Luna en mi espejo?
¿Será porque no quiere Ser Luna de mi Espejo?

¿O que la Luna ya no Es Luna,
porque dejó de Ser Luna?

¿Y si no eres Luna, qué eres?
¡Porque Luna Eres!

Y si no brillas en mi espejo, entonces no eres;
ni menos Luna eres.

PERDER "EL CONTROL"

Perder "El Control" significa, abandonarse a sí mismo,
salirse de uno mismo; y entregarse a ciegas y con temor,
a las manos del Señor.

Para que así el Señor se haga dueño del CONTROL;
siendo Amo, Dueño y Señor de ti mismo.
Tú siendo su servidor y él tu Señor.

AL PERDER LA CONCIENCIA

Al perder la Conciencia, la cordura perdiste;
y al mundo te diste y en un loco te convertiste.

Al perder "El Control", a Dios descubriste;
y cuando te echaste en sus brazos,
la Conciencia recuperaste y la cordura recobraste.

Para que el Señor se hiciera dueño de tu Conciencia;
para que tú y él fueran "La Conciencia",
y tú su siervo y él tu CONTROL.

EL VIAJE ENCUBIERTO

Cuando estaba perdido,
en un viaje encubierto estaba y la muerte me esperaba.

Buscaba y no encontraba,
moría mientras reía, moría mientras sentía.
Y no veía, más bien moría.
Y moría más y más, y vida de muertos me sostenía.

Pero un día llegó a mí un Maestro y Señor,
que aunque le resistí y negué por más de tres años;
me tomó en su regazo y me dijo, ven hijo mío.
Yo soy tu Señor, tu Salvador;
ven, descansa en mí.

Y yo por primera vez le escuché, bendito sea el Señor.
Lo seguí, y por primera vez después de haber estado tan trabajado y
quebrantado;
de la muerte a la vida volví.

Y me obsequió un regalo y me dijo; he aquí un presente delante de MI para
ti.
Y me dijo simplemente; sígueme.
Y vida en abundancia y a borbotones tendrás.
Y tal vez si me obedeces; vida eterna te daré y en el reino de los cielos
viviréis.

Y estas palabras dijo Jesucristo:

Y porque nadie llega al Padre, sino es por MI;
es que yo padecí, obedeciendo en todo a mi Padre que está en los cielos.
Porque muriendo en la cruz, derroté al Destruidor hasta el fin de los tiempos;
y resucitando volví a dar vida,
plena vida a los que creyeren en MI.

Amén.

MISION CUMPLIDA DIJO EL SEÑOR

El Arroyo cayó un día al río,
y se perdió en la mar infinita.

El Arroyo nunca habría sido Arroyo,
ni nunca hubiese encontrado su esencia y su Ser;
de no haber encontrado a "Bella".

Ella se manifestó en versos,
en el día sabático de toda la manifestación;
convirtiéndose en mi más bella creación.

Creación sutil, pues ella apareció sólo en versos.
Y de allí que fuere aún más dolorosa su creación;
y mi declaración de Amor.

Luego de crear a "Bella", descansé y fui nada.

¡Misión cumplida dijo el Señor!
Y por su gran amor y escudriñar mi corazón;
me presentó a Jesucristo.
Que con su infinito amor, fuerza y dolor;
me tomó en sus brazos, me levantó, me rescató, y devolvió la vida.
Y de la nada pasé a Ser todo y finalmente a Ser.

Y al final pasé a Ser hijo del Señor, hijo de Dios;
en profunda dicha y paz.

Bendito seas Señor,
por devolverme la vida,
y entregarme tu amor.

BENDICION FINAL

El viaje del Arroyo y el regreso a su Fuente en "Lagunilla";
fue mi gran continuo viaje a SER.

"El Viaje Final" es el gran reencuentro con la Verdad,
que es el Señor, que es Dios.

Y por ello es un canto de amor a gente como Uno.
Porque todos somos Uno a los ojos del Señor;
y el Creador y Señor Uno es.

Si sabéis leer con el corazón;
encontraréis en mi testimonio, la palabra del Señor.

Y es por eso dejo a tu Conciencia su comprensión;
y que Dios te ilumine para que te llegue al corazón, mi canto de Amor.

"El Arroyo", "Lagunilla" y "El Viaje Final", fueron destinados;
para rescatar tu corazón y salvarte de la muerte y la perdición.

Finalmente mi querido lector;
quiero comunicarte que "El Arroyo", "Lagunilla" y "El Viaje Final",
fueron escritos para ti. Aquel que fuiste tocado de corazón;
para redimirte, y ser salvado por el Señor.

Y que Dios te acoja y bendiga por siempre.

Amén.

SOY LO QUE SOY

Soy lo que soy,
porque he llegado a SER lo que soy.
No diferente,
sino igual a todos ustedes.

Y nunca más solo,
porque a Dios tengo por compañía,
hasta el final de mis días.

Y porque siempre creí;
que el hombre vino al mundo a Ser feliz.

MENSAJE FINAL

Un mensaje final os quiero compartir. Y es que a Jesucristo el Señor, en "El Viaje Final" conocí. Es así que con "El Arroyo" y "Lagunilla" (libros previos a éste) mensaje os di; con "El Viaje Final", la Verdad os descubrí.

De ti depende que la Verdad nazca en ti y te de vida nueva. Y de ti depende también que el Destruidor a las tinieblas te lleve y muerte con él lleves.

La Verdad es Dios, y Dios es Luz y es Vida. El Destruidor es tinieblas, y a la muerte conlleva.

Porque palabra de Dios es: **"He aquí que yo hice al herrero que sopla las ascuas en el fuego, y que saca la herramienta para su obra; y yo he creado al Destruidor para Destruir".**[1] Y quien al Destruidor se arrima, muerte y ruina aspira.

El gran misterio de la Salvación, la Verdad y la Vida, es Jesucristo. Porque es verdad; y sólo por que se que conozco la Verdad, se que así es. Y más no puedo testificar de ello, sino que decirte nuevamente que es Verdad; y que la Verdad es Dios. Y que Jesucristo su hijo unigénito dijo en la Tierra: **"Yo soy la Luz del mundo; el que me sigue no andará en tinieblas, sino que tendrá la Luz de la Vida".**[2] Y a su vez dijo: ***"Yo soy el Camino, y la Verdad, y la Vida; nadie viene al Padre, sino por mí".***[3] Y agregó: **"Si me conocieseis, también a mi Padre conocerás".**[4]

Finalmente quiero haceros notar, que Jesucristo es el pilar de un nuevo pacto; el pacto del espíritu a través de la fe, para todos los pueblos y hombres de la Tierra. Por lo cual todos los hombres que crean en él por fe, tendrán la fortuna y gloria del Padre a través de su don, de ser salvados y devueltos a la vida tal vez. Y vida eterna y a borbotones ofrece él, al que obediente sabe ser. Porque Jesucristo venció al Destruidor y perdonó nuestros pecados, y los días del Destruidor están contados.

Es así que Jesucristo dijo: **"En mí tendréis paz. En el mundo tendréis aflicción; pero confiad, yo he vencido al mundo".**[5] Porque como tú mismo podrás observar, el mundo al príncipe Destruidor pertenece y la salvación al Rey Jesucristo obedece. Y aunque todas las cosas del mundo el Señor las creó, de la misma forma el Destruidor las destruyó. Pero finalmente y gracias a Dios, su hijo las venció; para rescatar a los que por fe pudieron creer y ser llamados hijos de Dios.

Y dice el Señor al respecto: ***"Entrad por la puerta estrecha; porque ancha es la puerta, y espacioso el camino que lleva a la perdición, y muchos son los que entran por ella, porque estrecha es la puerta, y angosto el camino que lleva a la Vida, y pocos son los que la hallan"***.[6]

Y como consejo final, según las palabras del Apóstol San Pablo os digo: ***"Examinadlo todo, retened lo bueno"***.[7] Pero tened mucho cuidado de procurar aprender y vivir el bien primero, no sea que el mal te atrape y con el mueras por obra del Destruidor.

Quisiera despedirme de ustedes con una bonita parábola de Jesús, que dice: **"El reino de los cielos es semejante a un tesoro escondido en un campo, el cual un hombre halla, y lo esconde de nuevo; y gozoso por ello va y vende todo lo que tiene, y compra aquel campo"**.[8]

Buena Suerte.

Buen Viaje.

Y que Dios los bendiga.

1, 2, 3, 4, 5, 6, 7,8.- Isaías 54:16, S. Juan 8:12, S. Juan 14:6, S. Juan 14:7, S. Juan 16:33, S. Mateo 7:13-14, 1 Tesalonicenses 5:21, S. Mateo 13:14.

FIN

IV
TESTIMONIO

JORGE SALAMON WALERSZTAJN

Testimonio

Jorge Salamon Walersztajn

Jorge Salamon Walersztajn

TESTIMONIO

INTRODUCCION

Este pequeño libro que te dejo a continuación, tiene como objetivo comunicarte, que hay un camino de la Ilusión a la Realidad. Que es el camino que yo recorrí, y que finalmente logré alcanzar; con la guía y dicha del Señor Todo Poderoso, Nuestro Señor.

Estimado lector, yo lo logré, y tú puedes hacerlo también; si lees mis libros e inicias tu propio camino de liberación interior hacia la salvación, que es en Cristo Jesús. Nuestro único y verdadero Salvador.

MENSAJE AL LECTOR

Señor, tres libros han brotado de nuestro corazón.
Para hacer magia y convertir al corazón,
de aquel lector tocado mágicamente por obra del Señor;
la palabra de Jesucristo el Redentor.

Tres libros son, y un Testimonio de mi propia relación que mantuve con Dios.
Por buscarle, por amarle, y aún en partes.

Dieciséis años busqué la Verdad, y hoy temo a veces de haberla encontrado.

"El Arroyo" fue mi primer libro, y estaba buscando. "Lagunilla" su continuación. Libros que cumplen con el objetivo de tocar al lector abierto a su mensaje; y preparar el camino al libro "El Viaje Final". Donde Jesús dice: Yo soy la Verdad, la Luz y la Vida.

Los libros previos a "El Viaje Final" son necesarios. Es búsqueda que se manifiesta a través de varias formas. Para concluir diciendo, lo que andaba buscando Soy Yo, Jesucristo; la VERDAD, la LUZ y la VIDA. Porque Yo Soy el Camino y no hay otros, es que nadie llega al Padre, a Dios; sino por MI.

GRACIELA Y MARIA INES

Señorita María Inés,
usted es de las mejorcitas
y bien bonita.

porque siendo de las mejorcitas,
en su trabajo es de las más buenitas.

Cuando usted señorita es bonita,
su alma en paz se regocija;
y con paciencia suya, su alma escucha al enfermo,
que con cariño la necesita.

Y cuando no escuchas, su alma se agita;
y pasa a ser la peorcita y la más feíta.

Porque María Inés, así como Graciela;
ustedes son nuestro pilar en este lugar,
y las necesitamos solícitas.

Y porque son grandes en este lugar,
una gran responsabilidad tienen con nosotros.

Y a pesar que todos los pacientes las queremos como son;
más felices somos nosotros, cuando bonitas y mejorcitas son,
cariñosas son.

Porque Graciela, así serás la mejorcita y la más bonita
junto a María Inés.
Ayudando y siendo, serán criaturas del Señor;
ayudando y sirviendo, en pos del Salvador.

VIVA MANUEL POR SER

Porque un simple poema quedaría corto para ti,
es que te escribo este canto en vez de un poema.

Porque esta noche para ti, quiere mi alma de poeta
cantarte esta poesía.

Cantarte que mi alma está herida,
y que gracias a ti y tus compañeros;
la herida ya no es herida.

Porque con fe como dices tú Manuel, todo se olvida;
y la cura de regalo te envía.

Manuel es tu nombre,
Sarmiento tu apellido;
y esta noche canto,
¡viva Manuel Sarmiento!

Y cantarte debo,
para que nada de este canto sea fingido.

Lo que pasa Manuel, que aunque este canto a ti debo,
te pido que seas siempre mejor de lo que puedas;
porque aquí estás trabajando,
y estás trabajando con almas quebrantadas,
que necesitan de un Manuel que los quiera.

Canto esta noche a pesar de que el sueño me embota;
para celebrar y cantarte esta noche,
mi canto de amigo, amor y poesía.

Para que Sarmiento el amigo,
calidad de buen hombre y responsable en su trabajo,
siempre sea.

Ya no me es posible cantar más,
porque el sueño me bota.
Pero si que algo alcanzo a decir;
y es que viva Manuel Sarmiento por ser lo que eres.

SILVITA DEL AMOR

Silvia de mi amor,
tú me cautivaste con el corazón.

Corazón frío por el dolor,
corazón caliente cuando te entregas al amor.

Porque el amor Silvia,
se especializa en calor.

Y si estás fría,
es porque hay dolor y contaminación;
y contaminación traes,
cuando fría preparas la comida.

Porque una dulzura eres,
cuando calor hay en tu corazón.

Bonita eres Silvia,
porque atraes mi corazón;
y feíta te vuelves,
cuando enfrías tu corazón.

Porque recuerda Silvita,
que nada hay más grande que el amor.

Y si en el amor andas,
no solo cocinarás con amor;
sino que brindarás mucho calor.

MAMITA QUERIDA

A ti mamá te escribo este verso,
porque a ti mamá me debo.

Porque Jorge tu hijo;
paz y amor quiere contigo.

Para que juntos uno seamos;
desde ahora y para toda la vida,
¡mamita querida!

SOL DE ESTRELLA

Cuando hermano sol sales,
todo lo iluminas.

Cuando me calientas,
como fuego brillas.

Tu calor me anima en el oscuro invierno;
cuando a iluminar sales,
en esos escasos días de nublada lluvia fría.

Pero al salir tú Sol;
me das de vuelta y de regalo la vida.

En un cenicero estrella con un apagado cigarro me inspiré;
porque yo creyendo que eras estrella,
solo muerte veo en el cenicero estrella.

Pero de todas maneras te agradezco,
porque a pesar del cenicero estrella;
me muestras el calor de una verdadera estrella.

Hermano sol, hermano estrella.

CON FULGOR BRILLAS HOY QUE HA SALIDO EL SOL

El sol brilla en este poema,
porque al sol le escribo hoy en día.

Día de sol, que iluminas todo con tu fulgor.

Y como el sol eres tú Claudita,
porque hay mucho resplandor hoy en día.

Y el sol salió para ti Claudita;
para cantarte con calor,
esta canción de amor.

Calor que entibias y dominas mi corazón;
porque como el sol calientas mi razón.

Fría como témpano te he conocido;
calor hoy me entregas,
gracias a tu entrega y amor.

Porque como el sol has brillado hoy,
para darme tu calor.

Tú sabes que a veces te he tratado mal;
porque mal yo he estado.

Pero hoy que ha salido el sol,
te pido perdón;
porque bien se que me has tratado.

Solo te pido una cosa Claudita;
que como terapeuta seas como el sol,
que salió esta mañana a alegrar mi corazón.

ENTREGATE NIÑA HERIDA

Desde el primer momento que llegaste,
me gustaste sin saber por qué.

Tal vez porque bajo ese rostro quejido y cuerpo constreñido;
mujer bella veía.

Aún lo siento así Joanna querida,
porque aunque me heriste y me deprimiste;
aún te quiero Joanna hermana mía.

Porque a pesar de ese corazón quejumbroso,
y tu rechazo penoso;
igual te quiero Joanna niña mía.

YASNA BENDECIDA

Yasna adolorida;
por ti mi alma fue herida,
pues temí de que fueras perdida.

Pero el Señor te llamó esta noche,
y fuiste bendecida.

Y con él atraída a las glorias del Señor,
que en el reino de los cielos son.

Para que como brilla el sol,
brilles tú mi dulce corazón.

HA SALIDO EL SOL

Señor, hoy que ha salido el sol,
vuelvo a vivir,
vuelvo a sentir y a cantar;
¡viva el Señor!

Que has salido a brillar,
para calentar mi frío corazón.

Porque en las escarchas se hallaba
entumida mi alma Señor,
esperando solo a ti, el sol,
mi Redentor.

Calienta Señor mi alma entumecida,
para calentar mi corazón;
y te lo pido con todo mi amor,
y con gran dolor.

Para que hoy día seas fuego y calor Señor.
Y con fuego y calor siembres en mi corazón;
paz, energía y simiente de oración.

TORPE DECISION

La ira de Dios se va a mostrar ante ti; por haber vendido tu corazón al mal, y dejar que él te usara para dañar y matar.

Que Dios se apiade de tu torpe decisión; y no tengas que sufrir mucho, por causa de haberle desobedecido y al mal haber seguido.

MOISES

Allá afuera te encontré
gritando alaridos,
de un pequeño bebé
que gime por verse perdido.

Abandonado te encontré
recién nacido,
gritando enloquecido.

Negro eras, feo eras.
Negro, feo y chico; eso eras.

Atormentado por tu condición de retoño abandonado,
te acogí como a otros en su tiempo.

Tu condición de pequeño gatito abandonado;
cagó, meó y gritó mi casa.

Yo traté de enseñarte;
pero mi padre que no entendió que eras un bebé,
y atormentado y más encima maltratado por mi mismo padre,
por tu condición de gatito cagado, meado y gritón.
Espantó tu alma de un tirón.

El mismo te puso Moisés.
Y poco alcanzaste a compartir con nosotros y mi vieja gata Lupe;
que más encima también te regañaba.

Al poco tiempo el invierno llegó,
y una gripe te atacó;
y a los pocos días nos dejaste un frío recuerdo de ti.
Un gato grande, negro y feo y muerto;
por haberte espantado el alma de frío.

Mi querido gatito negro y feo;
Moisés mío, muerto de frío.

EL VIAJE

Ayúdame Señor, para así poder ayudar a otros.

CLAMOR

Señor tómame esta noche en tus brazos, y no me abandones jamás.

EN NOCHE DE INSOMNIO

En noche de vigilia me encuentro, pero me siento inmensamente tranquilo; porque en Cristo Jesús y en Dios, tengo paz infinita.

Han sido muchas las noches de vigilia que he presentado durante largo tiempo; pero esta noche estoy tranquilo, porque en Dios descanso. Y esto es para demostrarte que en Dios se encuentra paz; porque me sostiene su amor infinito.

Y esto te lo escribo como Testimonio, de que realmente he encontrado la paz, la cura espiritual, y la sanidad; gracias al Redentor. Por lo tanto, cuando te encuentres en dificultades; descansa en los brazos del Señor. Donde su paz es infinita, tan profunda como un pozo diáfano y una paloma; la paloma de la paz, que trae sólo gozo y dicha en nuestro Señor.

Ustedes ya conocen mi propio proceso de búsqueda de Dios, y finalmente en Cristo Jesús, que me salvó. Y te lo digo con toda sinceridad y amor; porque la gracia del Señor llega, cuando finalmente tú lo dejas entrar en tu corazón. Por lo tanto te pido que tengas confianza en mis libros anteriores a "Testimonio"; porque el Señor definitivamente me ha tocado, y ya no me abandona jamás.

Y el mensaje que quiero dejarte en esta noche de insomnio; es que estoy feliz por gracia del Señor. Y que tú puedes lograrlo, si me escuchas y escuchas al Señor, que ya obra en mí con gracia y no me abandona. Porque te repito; el Señor me ha bendecido con profunda paz interior y muchos regalos, después de una vida tan larga de búsqueda en él. Porque el que busca a Dios lo encuentra, y finalmente recibe su bendición.

Gracias Dios mío por devolverme la paz y entregarme al Consolador, que es en Cristo Jesús.

Amén.

PATRICIA AMADA MIA

Después de un hermoso poema perdido,
poema de la mujer que nunca había tenido,
apareciste tú Patricia mía;
para convertirte en la mujer más apreciada de mi vida.

¡"Bella"!

Tú eres igual a ella mujer,
mujer de mi vida.
Y desde ahora en adelante,
llenarás todos los días de mi vida.

Porque "Bella" eres.

Gracias a Ti Señor mío;
por devolverme la vida y entregarme a Patricia,
como testimonio de lo que sucedió con mi vida.

Amada mía.

HOY QUE CASI TE PIERDO

Hoy que casi te pierdo
me doy cuenta que te quiero
digan lo que digan los demás.

Porque bajo el sol sentados hoy
fui capaz de vencer mi tonto orgullo
para recobrar lo que daba por perdido.

Pues siendo un necio
sentía que no me pertenecías
por no ser lo que mi tonto orgullo me pedía.

Pero hoy a la vez que te perdía
sentía no saber por qué.

Y una vez más
el prado y el sol despertaron mi conciencia
y removieron mi corazón
y recobré la razón.
Y al tomarte de la mano
sentí nuevamente que eras mía.

Gracias a Dios una vez más
porque junto con la primavera y el sol
me has hecho recobrar la razón
y no permitiste que perdiera el corazón.

Gracias Dios mío
porque Patricia es aún mía
y por no haber permitido que un falso orgullo
rompiera su corazón y nuestra relación.

BELLA DEL ALMA

Bella del alma eres,
porque "Bella" eres.

Eres "Bella" porque a pesar de que bella no eres,
para mí eres bella.

Te has logrado convertir en la prueba más dura
de toda mi vida;
pues no siendo bella,
te reconozco como "Bella".

Aquella que apareció en versos,
pero siendo muy bella.

Tú no eres igual a ella,
porque ella es muy bella.

Pero a pesar de que no eres como ella,
te reconozco por lo que eres.
Bella del alma, eso eres.

Y a pesar de que me cuesta aceptar que no eres bella,
acepto que eres mi "Bella".

Patricia es tu nombre,
y te pido de corazón
que comprendas mi debilidad ulterior;
que fue mi perdición.

Porque siempre amé mujeres bellas,
mujeres de mi perdición.

Porque aunque nunca tuve una mujer así,
y aunque tú apareciste para convertirte en mi "Bella";
aún me gustan las mujeres bellas,

y sigo perdiendo la cabeza por ellas.

Pero tú eres real mujer no bella,
y sólo un velo me sirve;
para aceptarte así como ella.

Porque difícil y sutil
es caminar al filo de la realidad;
es que te acepto como mi "Bella".

Porque en la fantasía de una mujer bella,
se encuentra mi perdición por ella.

Y porque tú eres real Patricia,
y porque he aprendido a amarte como eres;
es que eres mi realidad siendo no bella.

Y porque la realidad es verdad,
y porque la verdad es paz;
es que te escogí a ti Patricia,
para que llegases a ser mi realidad.

MI AMOR MI VIDA

Mi amor mi vida,
eres tú Patita querida.

Tan dulce y viva como la propia vida.
Esa vida que emerge hoy día,
del interior de mi vida.

Tan tierna como un rayo de sol,
que sale cada mañana a calentar mi corazón.

Tan amorosa como un animalito,
que nos alegra la vida.

Vida eres tú mi vida;
que llegaste un día a alegrar mi oscura vida.
Y la llenaste de esa vida tan viva,
que eres tú; mi amor, mi vida.

TESTIMONIO

Este pequeño libro que os escribí, sólo pretende una pequeña misión. Y es que creas y tengas la fortaleza de creer en mi Testimonio de mis libros anteriores, donde encontré la paz. Y que confíes que la salvación existe y es real y verdadera; y por último imperecedera.

MENSAJE FINAL

Sólo un pequeño mensaje final te quiero dejar. Y es que el Señor a mí me curó y salvó. Y que esto contigo sucederá; si sabes escuchar, leer mis libros y orar.

CONSEJO FINAL

Es de suma importancia que te acerques a una comunidad cristiana[1, 2]

1.- "No dejando de congregarnos, como algunos tienen por costumbre, sino exhortándonos; y tanto más, cuanto veis que aquel día se acerca" (Hebreos 10:25).

2.- "Guardaos de los falsos profetas, que vienen a vosotros con vestidos de ovejas, pero por dentro son lobos rapaces. Por sus frutos los conoceréis. ¿Acaso se recogen uvas de los espinos, o higos de los abrojos? Así todo buen árbol da buenos frutos, pero el árbol malo da frutos malos. No puede el buen árbol dar malos frutos, ni el árbol malo dar frutos buenos. Todo árbol que no da buen fruto, es cortado y echado en el fuego. Así que, por sus frutos los conoceréis" (S. Mateo 7:15-20).

FIN

V
DESPERTAR

JORGE SALAMON WALERSZTAJN

Despertar

Jorge Salamon Walersztajn

Jorge Salamon Walersztajn

DESPERTAR

*Dedico este último libro
de "Mi Confesión de Amor".*

*A todos los que quieran
emprender El Viaje, retornar
y despertar.*

"Cualquiera que haga tropezar uno de estos pequeñitos que creen en mí, mejor le fuera si se le atase una piedra de molino al cuello, y se le arrojase en el mar.

*Si tu mano te fuera ocasión de caer, córtala; mejor te es **entrar en la VIDA** manco, que teniendo dos manos ir <u>al infierno, al fuego que no puede ser apagado, donde el gusano de ellos no muere, y el fuego nunca se apaga.</u>*

*Y si tu pie te fuera ocasión de caer, córtalo; mejor te es **entrar en la VIDA** cojo, que teniendo dos pies ser echado en <u>el infierno, al fuego que no puede ser apagado, donde el gusano de ellos no muere, y el fuego nunca se apaga.</u>*

*Y si tu ojo te fuera ocasión de caer, sácalo; mejor te es **entrar EN EL REINO DE DIOS** con un ojo, que teniendo dos ojos ser echado <u>al infierno, donde el gusano de ellos no muere, y el fuego nunca se apaga.</u>*

<u>***PORQUE TODOS SERAN SALADOS CON FUEGO, Y TODO SACRIFICIO SERA SALADO CON SAL***</u>***.***

BUENA ES LA SAL; MAS SI LA SAL SE HACE INSIPIDA, ¿CON QUE LA SAZONAREIS? TENED SAL EN VOSOTROS MISMOS; Y TENED PAZ LOS UNOS CON LOS OTROS".

(S. Marcos 9:42-50)

BREVE COMENTARIO; SEGUN PROPIA ESTIMACION
(S. Marcos 9:42-50)

El FUEGO (En este caso y en general)

El fuego en términos bíblicos; corresponde al MUNDO. El Mundo es la Tierra donde habitamos desde los orígenes de la creación (El Principio). Donde el pecado entró al Mundo por un sólo hombre; Adán. Apagando paulatinamente la LUZ de la creación, y dando origen a las Tinieblas; donde los ojos de los hombres fueron a su vez paulatinamente cegados. El Fuego, es el símbolo de las Tinieblas; gobernado por un Maligno, El Destruidor, Satanás.

LA SAL

Es JEHOVA Dios; es Amor, es Paz, es Vida. Es su Hijo Unigénito JESUCRISTO; la Luz del Mundo, la Luz de las Tinieblas, El SALVADOR del Mundo.

EL SACRIFICIO (Al que se alude)

Es parte natural de la evolución y crecimiento espiritual del hombre por alcanzar nobles y sublimes ideales. Es en términos bíblicos: Temer a Jehová Dios, andar en todos sus caminos, amarlo, servirlo con todo el corazón y con toda el alma; y guardar sus ordenanzas, sus estatutos, sus decretos, sus mandamientos y ponerlos por obra, todos los días.

ESTA NOCHE TE HECHO DE MENOS Y TU NO ESTAS

Noche de amor, noche de paz.
Noche de melancolía y soledad.

Porque esta noche te echo de menos,
y tú no estás.

Mil recuerdos pasan por mi mente,
recuerdos felices que se fueron y no volvieron más.

Esta noche es especial,
porque recuerdo que estuve mal.
Estuve ausente de felicidad.

Pero mil recuerdos vienen a mi mente esta noche;
recuerdos muy fugaces de aquellos momentos
en que pude reír, sentir y llorar.

Porque no todo estaba muerto;
y algo de vida quedó dentro de tanto dolor, sufrimiento y soledad.

Algo para rescatar, de todo el largo tiempo que estuve mal.

Y esta noche que tú no estás,
siento que la vida me cambia de faz.

Sabiendo que tú estás ausente esta noche;
pero muy cerca de tus brazos y tus besos,
que no me dejarán.
En este mi nuevo despertar.

JEHOVA

Jehová me dice Paty que te llamas,
y ya yo no se que pensar.

Porque todas las noches te llamo por tu nombre,
y Tú no pareces escuchar.

Jehová Tú muy bien sabes,
que yo ya no puedo sufrir más.

Porque ya me estoy volviendo loco;
de tanto dolor, confusión y soledad.

Jehová si me quieres ayudar;
hazlo ya.

Pues mi soledad es el gran vacío que siento,
por no poderte escuchar.

Y saber que no estoy totalmente solo;
porque aunque ahora tengo a Paty,
y ella me quiere de verdad.

Es a Ti a quien pido ayuda entre muchas cosas;
para poderla amar en paz.
Porque ella ha sido grande Jehová,
y se merece toda la felicidad.

Jehová Tú muy bien sabes,
que toda mi vida he cargado con un gran dolor,
que ya casi no puedo controlar.

No permitas que pierda nuevamente la conciencia,
y déjame tener la esperanza,
que cuando una de estas noches clame por tu nombre,
yo escuche una voz que diga;

Yo soy Jehová tu Dios y no temerás,
pues Yo siempre te querré ayudar.

¡Ayúdame! Jehová.
Porque temo volverme loco de verdad;
de tanto dolor, confusión y soledad.

¿Y ESTE CUADRO?

¿Y este cuadro preguntaste tú?
¡Un cuadro!, respondí yo enojado.

Porque yo lo había pedido regalado,
pensando en ti.

Y todavía estaba pensando en lo de anoche,
cuando me dijiste cansada;
cada uno por su lado.

Molesto estaba;
porque me llamaste a la mañana siguiente,
como si no hubiese pasado nada.

Para nuestra casa había pensado yo,
acerca del cuadro que hoy miraba;
porque quería hacerte un regalo,
que a ti te gustara.
Y que lo colgaras en tu hogar,
esperando un lugar en nuestra casa.

Ha pasado una semana ya,
desde que te contesté malhumorado,
por el cuadro que aún yace en mi casa;
esperando ser envuelto, una decisión valiente,
y el final de este poema.

Que hoy te dedico,
para que sepas que te quiero,
y que cuentas conmigo.

Porque a pesar de todo;
estoy contigo.
Patita querida, guagua y ternura mía.

¿QUE PATY...?

- Aló, ¿podría hablar con Jorge?
- Con él.
- Habla Paty.
- ¿Qué Paty?, - pregunté yo -.
- Paty, - me respondiste -.
- ¡Ah Paty!, - dije yo; creyendo que eras esa Paty -.
- No, - me dijiste tú -.
- ¡Ah Paty!, - la otra creía yo. Y tú te reías y me decías no -.
- ¡Ya pues!, que Paty; - preguntaba yo; y tú te reías -.
- ¡Paty!, - me dijiste -; ¿te acuerdas?
- ¡Ah sí!, - dije yo -. Mañana me voy. - Te conté -.
- ¿Dónde?; - preguntaste para irme a ver -.

Nunca olvidaré aquél día que me llamaste, preguntaste por mí, y te apareciste por allí.

Llegaste tan contenta, y me alegró verte y sentir tus ganas de vivir.

Yo el patudo te toqué la rodilla, ¿te acuerdas?
Y más encima cuando te fuiste, te besé en la boca;
¿o fue la segunda vez?

Feliz día el que me llamaste y me fuiste a ver. Porque desde ese día cambió mi vida, ternura mía; que guardas a escondidas tanta alegría.

Han pasado muchos meses ya, desde que me llamaste y me fuiste a ver. Y doy gracias a Dios por todas las lindas cosas que hemos compartido. Amándonos, conociéndonos y creciendo juntos los dos.

Es cierto que las cosas no fueron fáciles, y hubo muchos momentos difíciles que sortear.

Pero sucedió un milagro que tú hiciste; que me despertó a la vida de nuevo y me convirtió en persona. Porque estuve largos años en la oscuridad, y en todo ese tiempo no conocí la felicidad.

Pero llegaste tú Paty un día a mi vida y con tu inmenso cariño y la protección de Jehová; cambiaste mi vida de verdad. Sacándome de las tinieblas en que me hallaba; para devolverme la luz, la vida y la libertad.

JORGES

Jorge no tienes derecho a respirar;
me dice Jorge una vez más.
Y Jorge dice, déjate de molestar.

Entonces viene Jorge y me dice;
no luches más.
Y Jorge dice, me quiero morir ya.

Y Jorge dice;
no, yo quiero respirar.

Y viene Jorge y me dice;
no te tragues todo el aire ya.

Y Jorge responde;
sólo quiero un poco de amor, paz y felicidad.

VENIA PENSANDO EN VOLAR

"El Principito" [1] te quería regalar,
porque venía pensando en volar.
Y justo en ese momento, me topé con una niñita,
que jugaba con un perrito y volé hacia atrás.
Porque al decirle ¿áh?; me dijo muy tiernamente, náa.

Y su carita reflejaba tanta inocencia y debilidad,
que me hizo cavilar un momento y retornar atrás;
hacia aquellos momentos de mi propia tierna edad.

Al seguir subiendo, volví a pensar;
y mi recuerdo me llevó esta vez a "Juan Salvador Gaviota". [2]
A aquellos días en que por primera vez, una tenue luz;
me enseñó lo que era volar.

Y quise volar de nuevo,
pero un pensamiento vino a mi mente.
Y es que o me precipitaba a tierra definitivamente ya,
de tanto intentar;
o definitivamente lograba desplegar las alas contra la dificultad,
y lograba lo que Juan Salvador Gaviota logró alcanzar.

Y venía pensando porque me sentía mal,
y cuando llegué a casa, después de un rato;
surgió en mí la idea de ir a comprar esos dos libros,
porque te los quería regalar.

Porque antes de eso,
me di cuenta que te amaba de verdad.
Y con esos dos libros te quería empezar a enseñar...;
sobre lo que pasó por mi mente,
y lo que dice este poema, que ya no puedo prolongar.
Pues no me es posible ya continuar.

Y si alcanzo a finalizar...;

quiero decirte Patricia,
que me ayudes a realizar mi sueño de alcanzar la libertad.
Volando si es posible juntos;
a alcanzar ese pequeño grande umbral,
que me separa de mi gran sueño e ideal.

Que consiste simplemente,
en lo que Juan Salvador Gaviota;
logró conquistar.

1.- De Antoine de Saint Exupéry; su libro *"El Principito"*.

2.- De Richard Bach; su libro *"Juan Salvador Gaviota"*.

VOLVIO EL ARROYO Y AHI ESTA SOLO,
PUES NADIE LO QUIERE ESCUCHAR

¿Cuál es más grande;
mi virtud o mi mal?

A ojos míos, veo que a pesar de mi mal;
existe algo muy lindo que rescatar,
en el equilibrio del bien y del mal,
del cual no se aún quien triunfará.

Pues El Arroyo lamentablemente cayó un día al río,
y aunque la historia cuenta que logró regresar;
la verdad es que El Arroyo, siendo Arroyo,
aún no tiene paz.

Pues el mal que arrastró a lo largo de todo su viaje,
hasta retornar a su hogar;
aún no lo puede despojar.

¿Quién le creerá al Arroyo,
que él logró regresar?
Si no le dan la oportunidad que se merece,
después de tan largo viaje;
en que sólo él sabe lo que logró hallar.

Pues a ojos de los demás;
nadie sabe que El Arroyo logró alcanzar,
lo que andaba buscando de verdad.

El Arroyo volvió muy cansado,
de su largo andar.
Y no regresó a Ser como los demás,
pues sólo El Arroyo navegó hasta el mar infinito;
en busca de su autenticidad.
y volvió para "SER", lo que Es en verdad;
un mundo de experiencias de lo que fue su vida en realidad.

"SER"; fue el gran encuentro con la Verdad.
Y a pesar que la historia cuenta,
que Al Creador él conoció de verdad.
Su historia es muy triste aún;
porque nadie le cree su verdad.

Sólo él sabe que halló la paz.
Pero solo se encuentra,
porque nadie lo quiere escuchar.

Escuchar que El Arroyo volvió de su gran largo viaje;
para "Ser" alguien entre los demás.

ESENCIA

Esencia clara eres,
pura y sana.

¡Oh alma acallada!
¡Oh alma invalorada!
Pues de la libertad,
fuiste privada.
Encarcelada viviste aprisionada,
en un horrible tormento;
que te dejó destrozada.

Y tan sólo de un poco de ternura, calor y comprensión;
no supiste nada.
Y nada fuiste,
porque nada te faltó.

Pero no conociste lo que fue la paz;
y de amor y tranquilidad, no recibiste nada.

Porque en una casa de horror, gritos y terror;
tu alma creció.
Pero con la muerte casi se topó;
a causa de la Casa de Locos en que vivió.

Hoy mi alma se encuentra fatigada;
porque aunque de la muerte, la prisión y las cadenas,
sobrevivió y salió.
Aún se encuentra rodeada,
en medio de las paredes y los escombros en que creció.

Porque aunque mi alma, oprimida vivió;
creció y creció,
y en medio del quebranto y el dolor.
Halló la salida y encontró…
Encontró que nada hay más importante que el Amor.

Y se encontró con su alma Esencia;
aquella que un día se perdió,
y que tras un largo viaje retornó cansada,
muy cansada,
sin ser escuchada,
en medio de las mismas paredes que le rodeaban.

Y por eso se encuentra tan fatigada;
porque aunque encontró su Esencia, que un día fue acallada…
Volvió al medio de la misma realidad,
por la cual un día,
su libertad fue privada.

Y aunque quería comunicar y entregar lo que había hallado;
no fue escuchado,
aún más, su regreso no fue valorado.

Es verdad que me siento en cierta forma decepcionado,
y que estoy cansado.

Pero en medio de la fatiga;
espero y espero.
Y se que llegará el momento apropiado;
para emprender el vuelo tan anhelado.

Que Dios ha prometido a los que le aman,
por haberle buscado, por haber encontrado,
y por haber descubierto la salida;
que fue en Cristo Jesús.

Que puso atención a mis súplicas,
y en medio de la muerte en que me hallaba;
me rescató, me levantó, me tomó en sus brazos y me dijo:

Yo Soy tu Maestro, Ese Algo Divino que quiere lo mejor para ti.
Ese Al Cual invocaste con clamor;
en tu relato "El Control".

Y por Ser aquel quien soy;
y por Ser Esencia pura y sana.
Es que Dios me escuchó y rescató;
Siendo yo El Arroyo y Cristo Jesús mi Redentor.

VERDAD

No debo ocultar al lector,
que me encuentro desesperado.

Porque yo Jorge, El Arroyo; se siente acorralado,
en las mismas paredes en que fue destrozado.

Hace más de dieciséis años, que El Arroyo cayó al río,
y se perdió en el mar infinito.

Y hace muy poco, que retornó nadando contra la corriente;
al lugar de su reposo infinito.

Aquella Lagunilla, donde se encontró definitivamente
con El Creador.
Para Ser Todo y Uno a la vez; un Yo integrado.

Y aunque todo esto es verdad;
El Arroyo aún no tiene paz.

Pues nadie repara en él; y así su esfuerzo
por comunicar la Verdad que logró encontrar,
para ayudar a los demás.
Se malogra inútilmente,
pues nadie presta oídos a su Verdad y a su mensaje de paz.

Que contradictoria es esta realidad;
porque yo bien se que encontré la Paz y a Jehová.

Pero bien se también que volví al Mundo;
gobernado por la inconsciencia, la locura y la frialdad.

Un Mundo insensible de sordos y ciegos; que no quieren
y se niegan a ver, sentir y escuchar la Verdad.
Es así que mi esfuerzo por mantener en este Mundo la paz;
no lo puedo aún lograr, pues este Mundo está loco de verdad.

Y como yo me propuse volver al Mundo,
pues yo me salí de él por "enfermedad";
estoy expuesto a su crueldad.
Porque aunque no hay otro mundo aparte del Cielo
donde habitar;
es que me fue necesario regresar.

Pero bien se que aunque vivo en el Mundo,
no pertenezco a él en Verdad;
aunque vivo las consecuencias de su triste realidad.

Porque el Mundo, es un engaño y una gran mentira
que se pone su antifaz;
para no permitir ver lo que hay por detrás.
Un hombre desprotegido que en Esencia clama por paz;
y por hallar sentido a su existencia terrenal.

Porque nada somos sin Jehová,
y nadie sabe que el antifaz del Mundo;
no es otra cosa que el disfraz de Satanás,
que usa para esconderte de Jehová.

Y porque su misión es ocultarte El Reino de Dios,
el Verdadero Tesoro Escondido;
que se halla por detrás del Antifaz.

Es que te ofrece un "Tesoro", que no es necesario buscar.

Un Mundo de fantasía y placeres,
para seducirte y apartarte del Verdadero Camino de Dios.

Que por causa del gran engaño;
sólo se encuentra en el desprendimiento, la búsqueda,
la misericordia, la renuncia y la devoción.

Pues fácil y ancho es el camino que lleva a la perdición;
y difícil y estrecho el camino que lleva a la salvación.

Ustedes se preguntarán, que sentido tiene el Viaje de El Arroyo
en busca de la Verdad;
si El Arroyo aún no tiene paz.

Yo sólo les puedo responder, que espero en Jehová;

el momento en que la Verdad se imponga,
sobre tanto engaño, mentira y falsedad.
Y el Amor triunfe sobre Satanás.

Y por mi testimonio conocerán;
que el Amor siempre se impondrá y triunfará, sobre todo lo demás.

Como está escrito en el día del Juicio Final.

¿DONDE SE ENCUENTRA EL ARROYO HOY EN DIA?

Es una pregunta difícil de contestar.

Pues El Arroyo no es nada más que lo que "Mi Confesión de Amor";
cuenta acerca de su Viaje, en busca de Dios y la Verdad.

Es verdad todo lo testificado en este mi Testimonio;
y acerca de ello no hay nada más que te pueda dejar,
para que busques tu propia verdad,
que se encuentra en Cristo Jesús y Jehová.

Ojalá que mi testimonio te sirva, para encontrar tu Verdad;
que sólo se encuentra en la oración, la lectura de las Sagradas Escrituras,
y en Jehová.

Tengo la esperanza que Dios;
pronto te prosperará en hallar la verdadera paz y triunfarás.
Porque bien dice La Biblia, que si buscas la Verdad y cultivas y proteges
tu alma en busca de Dios y la Paz;
lo demás por añadidura vendrá.

La clave para triunfar; es la lucha y la constancia y saber esperar.
Pues todo tiene su orden universal.

Por eso te dejo mis libros; para que saques provecho de mi largo Viaje,
y la experiencia que logré cultivar.

BONDAD

¿Por qué temes tanto que yo te pueda dejar?;
¿acaso tienes miedo de tanta bondad?

¿Y tu bondad para conmigo no importa ya?
¿Acaso no fuiste tú, quien me despertó de la muerte a la vida;
a pesar que ha costado dolor, y una dura rehabilitación?

Y hoy te doy gracias Patricia;
porque sin ti no hubiese sucedido
el milagro de mi curación.

¿Cómo podría yo dejarte; si tú eres mi salvación y mi amor?

Es cierto que tu bondad para conmigo;
fue mayor que mi bondad para contigo.

Pero es cierto también;
que yo te ayudé y en cierta forma te salvé.

Y si Jehová Dios quiere;
permaneceremos juntos, si esa es su decisión.
Porque en las manos de Jehová me pongo hoy;
en lo relativo a nuestra relación.
Y que su voluntad se haga, en el nombre del Señor.

Mi Amor, mi corazón.

ME FUE ANUNCIADO QUE EL JUICIO FINAL AL FIN HA LLEGADO

En medio de una gran tribulación me encuentro acorralado.
Pues este Mundo está realmente enfermo;
y yo muy cansado.

Cansado de saberse solo;
en este Mundo desolado.

Pues salí a buscar a mi semejante,
y no encontré a ninguno desocupado.
Pues todos estaban muy ocupados dentro de sí mismos;
siendo ellos mismos.

Y me salí para contemplar a mi semejante;
pero no hallé a ninguno fuera de sí.

Y busqué y busqué, y mientras más busqué;
menos encontré.

Y hoy que estoy tan cansado,
algo me fue anunciado;
y es que el día del Juicio Final al fin ha llegado.

Y les quiero ayudar;
pues todos seremos juzgados.

Y para eso escribí "Mi Confesión De Amor";
por obra del Señor.
Para anunciar el Evangelio, y rescatar tu corazón de la perdición.

Confesión que me desgarró el corazón;
pues la escribí muy solo y sentí por ello mucho dolor.

Ojalá que mi esfuerzo no haya sido en vano,
y sepas poner atención a mis palabras de Amor;
que te dejo finalmente a tu entera voluntad de meditación.

Y que el Señor te ilumine en la comprensión de "El Arroyo", "Lagunilla", "El Viaje Final", "Testimonio" y "Despertar"; que intitulé "Mi Confesión de Amor".

Para despertar tu mente y rescatar tu corazón.

"Amados, amémonos unos a otros; porque el amor es Dios. Todo aquel que ama, es nacido de Dios, y conoce a Dios.

El que no ama, no ha conocido a Dios; porque Dios es amor.

En esto se mostró el amor de Dios para con nosotros, en que Dios envió a su Hijo unigénito al mundo, para que vivamos por él.

En esto consiste el amor: no en que nosotros hayamos amado a Dios, sino en que él nos amó a nosotros, y envió a su Hijo en propiciación por nuestros pecados.

Amados, si Dios nos ha amado así, debemos también nosotros amarnos unos a otros.

Nadie ha visto jamás a Dios. Si nos amamos unos a otros, Dios permanece en nosotros, y su amor se ha perfeccionado en nosotros.

En esto conocemos que permanecemos en él, y él en nosotros, en que nos ha dado su Espíritu.

Y nosotros hemos visto y testificado que el Padre ha enviado al Hijo, el Salvador del mundo.

Todo aquel que confiese que Jesús es el Hijo de Dios, Dios permanece en él, y él en Dios.

Y nosotros hemos conocido y creído el amor que Dios tiene para con nosotros: Dios es amor; y el que permanece en amor, permanece en Dios, y Dios en él.

En esto se ha perfeccionado el amor en nosotros, para que tengamos confianza en el día del juicio; pues como él es, así somos nosotros en este mundo.

En el amor no hay temor, sino que el perfecto amor echa fuera el temor; porque el temor lleva en sí castigo. De donde el que teme, no ha sido perfeccionado en el amor".

1 Juan 4:7-18

DESPEDIDA

Estimado y querido lector:

Quiero despedirme de ustedes y agradecerles la detenida lectura de "Mi Confesión de Amor". Que he decidido terminar; aunque muchos detalles del retorno de El Arroyo a su hogar, quedaron sin anotar.

Yo soy un ser humano como todos ustedes; y escribí este trabajo para comunicar mi experiencia, mi historia y la Verdad que logré hallar.

Es cierto que al final de este libro, aparecen muchas cosas sin solucionar; pero tengo la confianza que Dios, a su debido tiempo responderá. Para convertir el sueño de El Arroyo, en una realidad; que como dice la historia, es lo que Juan Salvador Gaviota logró alcanzar.

ADIOS.

Y que Dios los bendiga.

Post Scriptum.

Tengo la confianza que todo lo narrado en "Mi Confesión de Amor", se cumplirá; si es esa la voluntad de Jehová Dios.

Porque tengo fe en El. Y mi osadía de escribir una historia como esta, en que su contenido toca asuntos delicados. Es un asunto de criterio muy personal; que dejo a tu conciencia pensar, y a tu corazón llenar.

FIN

EPILOGO

Amados míos, si esta Obra *logró llegar a ti;* "aquel lector tocado de alma y corazón", "aquel lector tocado mágicamente por obra del Señor". Quiero que sepas que ésta; me costó mucho sacrificio y dolor. Que esta Obra fue forjada por Dios, incluso desde antes de que naciese yo. Que ésta fue el fruto de mi Amor; y que ahora entiendo por qué sin saber a ciencia cierta por Revelación, la intitulé "Mi Confesión de Amor". Que esta Obra como dije: "me desgarró el corazón; pues la escribí muy solo y sentí por ello mucho dolor".

Si esta Historia *logró llegar a ti;* quiero que sepas que por ella me destruí, que por ella perdí y casi me costó la vida en mucho más de una ocasión. Que sufrí lo indecible; lo que no es posible comunicar y explicar. Que perdí mi corazón y alma, que perdí la felicidad. Que fue una desquiciada, maquiavélica, endemoniada y diabólica horror y tortura. Que mi cuerpo fue desgastado y mis fuerzas debilitadas, hasta quedar en nada. Que fui **TENTADO** por un horrible martirio que mi hizo perder la cabeza, la vida y la conciencia; en un padecimiento que me llevó a perder la Moral, convirtiéndome en un Inmoral. Y es por esta última causa que me fue imprescindible escribir este **EPILOGO**, ya que la **Historia de "Mi Confesión de Amor"** continuará; y si Dios quiere logrará llegar a ti una vez más. Y como dice la Biblia: "porque no hay nada oculto que no haya de ser manifestado; ni escondido, que no haya de salir a la luz" [1] o "porque nada hay encubierto, que no haya de descubrirse; ni oculto, que no haya de saberse" [2]; es que me fue necesario dejar estampada esta verdad, que más tarde se aclarará; para que cada uno juzgue de acuerdo a su realidad. Y de antemano pido perdón, no esperando perdón por ello.

La verdad es; *QUE PASE POR FUEGO Y PUESTO A PRUEBA POR DIOS.*

Y todo fue..., todo fue.

Por ti; por Amor a ti.

Y si esta *Mi Confesión de Amor,* **cumple el objetivo en ti.** Bien valió la pena **Todo** el gran dolor y tribulación, y haber perdido **Todo;** por **Amor a Cristo y a ti.**

Finalmente esta *Mi Creación De Dios* ahora **Te Pertenece,** y si Jesús el Cristo ha germinado en ti; procura El Viaje hacia la meta, hacia el galardón que es en Cristo Jesús Señor Nuestro. *"De modo que si alguno está en Cristo, nueva criatura es; las cosas viejas pasaron, he aquí todas son hechas nuevas".* [3]

Que Dios te bendiga grandemente y

Buen Viaje.

1, 2,3.- S. Marcos 4:22, S. Lucas 12:2, 2 Corintios 5:17

Observación:

Todas las citas textuales bíblicas de este Libro; Corresponden a la Santa Biblia, versión Reina – Valera, Revisión de 1960.

FIN

COMENTARIOS

_____

_____

_____

_____

_____

_____

_____

_____

_____

_____

_____

_____

_____

_____

_____

_____

_____

_____

_____

_____

_____

_____

_____